L'Anglais du secrétariat

CORINNE TOUATI

L'ANGLAIS DU SECRÉTARIAT

Le Livre de Poche

Merci à tous ceux qui m'ont inspirée, qui m'ont aidée à progresser et soutenue à chaque page de chaque livre !
À mes parents, à mes enfants, à mes stagiaires, à ma famille de l'autre côté de l'océan...
Gratitude is the memory of the heart.

Learn a new language and get a new soul (proverb).

ISBN : 978-2-253-01638-0- 1re publication - LGF

SOMMAIRE

INTRODUCTION

Après le succès de *L'Anglais au bureau*, il m'a paru intéressant et nécessaire de proposer un ouvrage qui soit spécifiquement destiné aux assistant(e)s et aux secrétaires.

Maîtriser la communication en anglais est un atout essentiel dans le monde du travail et bien sûr, plus concrètement, un outil indispensable pour établir le premier contact avec un interlocuteur anglo-saxon et être à l'aise et performant dans toutes les situations professionnelles : répondre au téléphone, envoyer un courrier ou un e-mail, rédiger un curriculum vitae, accueillir un client, préparer un déplacement à l'étranger ou une réunion...

Mon expérience au sein d'importantes entreprises m'a appris que, quelle que soit la position qu'on occupe dans la hiérarchie, l'appréhension est la même face à l'anglais, et ce malgré plusieurs années d'études au lycée et à l'université.

Cet ouvrage vous permettra d'acquérir le vocabulaire, les expressions, les formules courantes de votre métier grâce à des « phrases clés » concrètes, vivantes et ancrées dans la réalité.

Connaître les différences culturelles est également important lorsque l'on côtoie des Anglais ou des Américains. « Learning the ropes » (*Apprendre les ficelles*) vous aidera à mieux les comprendre.

Cet ouvrage n'est pas un extrait de *L'Anglais au bureau*, c'est un livre complet et beaucoup plus étoffé dans des domaines spécifiques.

Mon souhait est simple : ne craignez plus d'utiliser votre anglais au bureau et soyez fiers de vos efforts : celui qui ne tente rien a peu de chances de se tromper ! *We learn from our mistakes.* Ayez confiance en vous et gardez près de vous cet ouvrage comme un compagnon fidèle !

Mode d'emploi

Chaque chapitre est consacré à un thème précis. Vous pouvez les étudier dans l'ordre ou indépendamment les uns des autres, selon vos besoins.

- Lisez attentivement, plusieurs fois, les « phrases clés » et leur traduction en français ; elles sont simples, courantes et efficaces.
- Vous pouvez aussi essayer de retraduire ces phrases du français en anglais.
- Faites les exercices de mise en application pour vous entraîner et vérifier que le vocabulaire est bien acquis.
- Reportez-vous aux corrigés en fin d'ouvrage pour contrôler vos réponses.
- Le point de grammaire traite une difficulté précise. Lisez attentivement l'explication et les exemples donnés.
- Amusez-vous à rédiger d'autres exemples à partir de cette règle.

• Faites ensuite les exercices de grammaire pour vérifier que vous avez compris et assimilé la règle. Ces exercices sont variés : phrases ou mots à transformer, à traduire, à compléter, à relier, etc.

• « Learning the ropes » : lisez les informations sur la civilisation afin de mieux comprendre votre interlocuteur anglo-saxon à travers sa culture.

• Chaque unité se termine par une expression idiomatique. Elles sont imagées et, le plus souvent, intraduisibles littéralement. Alors que l'on peut comprendre la signification des mots qui la composent, le sens général n'est pas aussi évident ! Mémorisez-les afin de les réutiliser ou de comprendre vos interlocuteurs anglo-saxons qui les emploient abondamment.

• Reportez-vous au lexique français-anglais en fin d'ouvrage pour vérifier ou traduire un mot.

• Revenez sur les unités plusieurs fois si nécessaire si vous n'êtes pas sûr(e) d'avoir assimilé et mémorisé l'essentiel.

Maintenant, jetez-vous à l'eau ! Utilisez ce que vous venez d'apprendre. Répondez au téléphone sans appréhension, rédigez vos lettres sans craindre de faire des fautes, prenez la parole sans redouter le ridicule. N'ayez pas peur de faire des erreurs. C'est la seule façon d'avancer.

« *Courage is not the absence of fear, but the conquest of it* » (Le courage n'est pas l'absence de peur mais sa maîtrise.)
Don't be afraid to experiment! Learning a language is a life-time journey...
I wish you good luck!

UNIT 1

The personal assistant
L'assistante

PHRASES CLÉS

- *Qualités* (**qualities**)

A good and efficient *(efficace)* personal assistant must have personal qualities: she must be reliable, trustworthy *(fiable, digne de confiance)*, organized, flexible *(souple)*, available *(disponible)*, tidy *(ordonnée)*, discreet, responsible *(responsable)*.

She must show initiative and flexibility *(faire preuve d'initiative et de faculté d'adaptation)*.

She must have organizational and communication skills *(qualités d'organisation et de communication)* and the ability to work to tight schedule *(capacité de respecter un emploi du temps serré)*.

She should demonstrate/show the ability to adapt, to recognize priorities and to work under pressure. *(Elle doit se montrer capable de s'adapter, reconnaître les priorités et faire face aux urgences.)*

She must be knowledgeable about/have a good knowledge of computer *(avoir des connaissances en informatique)*.

She must also have a good command of English *(maîtrise de l'anglais)*.

• *Responsabilités* (tasks/duties/responsibilities)

She must be qualified/skilled *(qualifiée).*

The personal assistant is responsible for/in charge of all classic secretarial tasks/duties. *(L'assistante s'occupe de toutes les tâches classiques du secrétariat.)*

She writes and sends mail. *(Elle écrit et envoie le courrier.)*

She makes/fixes/sets up appointments. *(Elle fixe les rendez-vous.)*

She screens telephone calls. *(Elle filtre les appels téléphoniques.)*

She makes out reports. *(Elle rédige les rapports.)*

She files papers and documents. *(Elle classe les papiers et les documents.)*

She manages the diary and organizes the travel arrangements: she books rooms and tables. *(Elle tient à jour l'agenda et organise les voyages : elle fait les réservations de chambres d'hôtel et de restaurants.)*

She prepares presentations and meetings. *(Elle prépare les présentations et les réunions.)*

She attends Board meetings. *(Elle assiste aux réunions du conseil d'administration.)*

She liaises with European colleagues, internal and external departments. *(Elle assure la liaison avec les collègues européens, les services internes et externes.)*

She must be able to manage and organize time. *(Elle doit être capable de gérer et d'organiser le temps.)*

APPLICATION 1

Choisissez les mots qui conviennent pour compléter cette annonce :

EMPLOYMENT

BILINGUAL PERSONAL ASSISTANT

We are looking for a bilingual personal assistant for the [*receptionist/Managing Director*]. For this new position, you will take in charge the management of the MD's [*program/diary*]. You will [*cancel/coordinate*] the travel [*tickets/arrangements*] of the sales team and [*follow/deal*

with] all general administrative [*problems/duties*]. You will also [*challenge/be in charge of*] coordinating the schedule of the sales team. You will carry out all the classic [*assistant/secretarial*] tasks.
With excellent computer [*qualities/skills*], you have an excellent [*level/area*] of English both written and spoken.
You are [*dependent/autonomous*].
Position [*installed/based*] in Paris.
Attractive salary to negotiate.

APPLICATION 2

Donnez le contraire des adjectifs suivants (ajoutez les préfixes un-, dis-, im-, ir-, ou in-*) :*

1. reliable
2. trustworthy
3. honest
4. tidy
5. organized
6. patient
7. responsible
8. efficient
9. experienced

APPLICATION 3

Reliez les verbes de la colonne de gauche à leurs compléments de la colonne de droite :

The assistant's duties :

1. write	a. priorities
2. organize	b. the telephone
3. take	c. the minutes (*procès-verbal*)
4. answer	d. meetings
5. manage	e. Board meetings
6. respond to	f. documents
7. assist	g. the diary
8. report to	h. letters
9. recognize	i. under pressure
10. liaise with	j. internal departments

11. type — k. her colleagues
12. work — l. the Managing Director
13. attend — m. messages

APPLICATION 4

Séparez les mots au bon endroit pour trouver 3 x 8 adjectifs qualifiant l'assistante :

1. DYNAMICEFFICIENTRELIABLEFLEXIBLEORGANIZEDRES-PONSIBLEEXPERIENCEDDEDICATED
2. COMMITEDELEGANTSKILLEDRESPONSIBLEAUTONO-MOUSQUALIFIEDPRECISEMETHODICAL
3. ADAPTABLEHONESTENTHUSIASTICDISCREETSENSIBLE-RESERVEDPOLITEPUNCTUAL

GRAMMAIRE

EXPRIMER UN CONSEIL AVEC SHOULD, OUGHT TO, HAD BETTER, WHY DON'T YOU...

• **should + infinitif sans to** *s'emploie pour exprimer un conseil, une suggestion :*

> Mark shouldn't smoke in the office. *(Mark ne devrait pas fumer dans le bureau.)*
>
> You should call Sam before 6. *(Tu devrais appeler Sam avant 6 heures.)*

• **ought to + infinitif complet** *a le même sens que* **should**, *mais renvoie à une règle morale qui n'est pas toujours respectée :*

> Managers ought to think more of their employees. *(Les directeurs devraient penser plus à leurs employés.)*

• **had better + infinitif sans to** *s'emploie pour exprimer un conseil proche de l'ordre ou teinté de reproche :*

> You had better/You'd better change the way you speak to them. *(Vous feriez mieux de changer votre façon de leur parler.)*

• **why don't you + infinitif sans to** *et* **what about + verb + -ing** *servent également à exprimer un conseil, une suggestion :*

Why don't you send him a fax? *(Pourquoi ne pas lui envoyer un fax?)*
What about fixing the meeting at 5 instead of 6? *(Et si on mettait la réunion à 5 heures au lieu de 6 heures ?)*

EXERCICE 1
Traduisez ces phrases (de plusieurs manières possibles pour certaines) :
1. Vous feriez mieux de confirmer le rendez-vous.
2. Il devrait parler plus fort.
3. Pourquoi ne leur envoyez-vous pas notre nouveau catalogue ?
4. Je ferais mieux de me dépêcher.
5. Pourquoi ne leur faites-vous pas visiter les locaux ?

EXERCICE 2
Votre directeur risque d'être en retard à un rendez-vous très important. Donnez-lui des conseils, suggérez-lui quelques solutions.
1. Why don't you...
2. You should...
3. ...
4. ...
5. ...

« LEARNING THE ROPES »
• *Aux États-Unis, on emploie* « assistants » *ou* « executive assistants » *pour désigner les secrétaires qui travaillent pour un directeur. On les surnomme parfois* « directors of first impression » *car elles sont la première personne que les visiteurs rencontrent. De plus en plus d'hommes exercent les fonctions d'*« executive assistant ».
• *Aujourd'hui, en raison du* « politically correct », *et pour éviter les discriminations, on appelle souvent les assistantes et secrétaires américaines* « administrative supports » *(ou* « admins »*), pour bien marquer le fait que leur rôle ne se borne pas à répondre au téléphone et à taper du*

courrier : elles sont également chargées de préparer et d'organiser des réunions, de gérer des bases de données informatiques, voire de s'occuper des problèmes de gestion du personnel.

• « Company Secretary » *correspond à notre « secrétaire général », qui fait partie du conseil d'administration. Le terme* « secretary » *est en fait surtout utilisé en politique, dans le sens de « ministre »* (Secretary of Agriculture).

First thing in the morning.
Demain à la première heure.

UNIT 2

At the reception
L'accueil

PHRASES CLÉS

- *Accueillir/Se présenter*

Good morning. Can I help you? *(Bonjour. Puis-je faire quelque chose pour vous?)*
What is it about? *(De quoi s'agit-il?)*
I'm here to see Mr Dales. *(J'ai rendez-vous avec M. Dales.)*
Can I see Mr Dales? *(Puis-je voir M. Dales?)*
Is Mr Dales in? *(M. Dales est-il là?)*
I have an appointment with Mr Dales. *(J'ai rendez-vous avec M. Dales.)*
Who(m) shall I introduce? *(Qui dois-je annoncer?)*
Excuse me, what's your name again? *(Excusez-moi, pouvez-vous me répéter votre nom?)*
Say your name again, I didn't get it right. *(Redites-moi votre nom, je n'ai pas bien saisi.)*
Please sign your name here. *(Veuillez signer ici.)*

- *Faire patienter*

I'll let him know you're here. *(Je vais le prévenir.)*
I'll check/see if he's in. *(Je vais vérifier s'il est là.)*
Would you mind waiting a few minutes/a moment? *(Veuillez patienter quelques instants/un moment.)*
Do/Please take a seat. *(Veuillez vous asseoir/Asseyez-vous, je vous en prie.)*

Do sit down and make yourself comfortable. *(Asseyez-vous et mettez-vous à l'aise.)*
Take a seat while you are waiting. *(Veuillez vous asseoir en attendant/En attendant, asseyez-vous, je vous en prie.)*

• *Prévenir que la personne arrive*

Mr Dales is on his way. *(M. Dales va arriver.)*
Mr Dales will be with you in a minute. *(M. Dales est à vous dans un instant.)*
Mr Dales won't be long. *(M. Dales ne sera pas long.)*
Mr Dales will see you now. *(M. Dales va vous recevoir.)*

• *Indiquer le chemin*

Will you follow me, please? *(Voulez-vous me suivre ?)*
I'll show you the way. *(Je vous montre/indique le chemin.)*
This way, please. *(Par ici, s'il vous plaît.)*
Let me walk you to the elevator. *(Je vous accompagne à l'ascenseur.)*
Please follow me. *(Suivez-moi, s'il vous plaît.)*
I'll show you to Mr Dales' office. *(Je vais vous conduire au bureau de M. Dales.)*
Take the lift/elevator to the fourth floor, his office is on the left. *(Prenez l'ascenseur jusqu'au quatrième étage, son bureau est à gauche.)*
Thank you very much. *(Merci beaucoup.)*
You're welcome! *(De rien./À votre disposition.)*

APPLICATION 1

Formulez chaque phrase d'une autre manière :

1. Can I help you?
2. Please take a seat.
3. The manager won't be long.
4. I'll see if he is in.
5. Please follow me.
6. Take the elevator on your right.

APPLICATION 2

Construisez votre propre dialogue :

1. Saluez le visiteur :

2. Demandez-lui la raison de sa visite :
3. Invitez-le à s'asseoir :
4. Offrez-lui à boire :
5. Dites-lui que vous prévenez Mme Smith :
6. Prévenez-le qu'elle arrive :
7. Demandez-lui de vous suivre :
8. Donnez-lui les indications pour arriver au bureau :

GRAMMAIRE

I WANT YOU TO.../I WOULD LIKE YOU TO...

• **want** et **would like** *sont suivis de* l'**infinitif complet** :

Alan wants to sign the contract.
Charlize would like to work with us.

Attention à la construction suivante :

• **want/would like + nom/pronom + infinitif complet** (*là où le français utilise le subjonctif*) :

She wanted Jane to come earlier.
She wanted her to come earlier.
He would like Mr Branston to call the manager.
He would like him to call the manager.

Utilisez les pronoms personnels compléments : me, you, him, her, it, us, you, them.

EXERCICE 1

Remplacez les mots soulignés par des pronoms :

1. Can you tell Jane I am here?
2. I have an appointment with Mr Sola.
3. I'll see the new representatives in a minute.
4. I think Paul will work with you and me soon.

EXERCICE 2

Traduisez les phrases suivantes :

1. Voulez-vous que je vous indique le chemin ?
2. J'aimerais qu'il vérifie l'adresse.
3. Hélène voulait que nous accueillions le nouveau client.
4. Voudriez-vous qu'elle vous rappelle ?
5. Je veux qu'ils m'attendent dehors !

« LEARNING THE ROPES »

Mr (mister), **Mrs** [misiz], **Miss** (miss)

• *On utilise assez souvent* « Ms » *[miz], surtout aux États-Unis, quand on ignore si la personne est mariée ou quand elle ne souhaite pas que ce soit mentionné !*

• « Mr », « Mrs » *doivent être suivis du nom. Sinon, on dit* « Sir » *ou* « Madam ».

Good morning, Mr Nahon.

Good morning, Sir! Good afternoon, Madam!

• *Il peut arriver qu'on ne mette pas de nom ou de titre après* « Good morning ». *On dira* « Good morning » *ou* « Hello » *ou, plus familièrement,* « Morning » *ou* « Hi ».

• *On emploie* « Sir » *tout seul uniquement... à l'armée !!*

• *Attention : en français, on abrège monsieur par M. (M. Paul), alors qu'en anglais, on abrège* « mister » *par* « Mr » (« Mr Paul »).

Make yourself at home.

Faites comme chez vous./Mettez-vous à l'aise.

UNIT 3

Meeting a visitor (1)
Accueillir un visiteur

PHRASES CLÉS

- *Dire bonjour, accueillir*

Hello!/Good morning./Good afternoon. *(Bonjour.)*
Hi! *(plus familier)*
How do you do? *(Enchanté(e). [formule utilisée lors de la première rencontre. On répond par la même formule.])*
Welcome! *(Bienvenue!)* Welcome to Paris. *(Bienvenue à Paris.)*
Nice to meet you. *(Enchanté[e] de faire votre connaissance.)*
Pleased to meet you! *(Ravi[e] de vous rencontrer.)*

- *Lors des rencontres suivantes*

How nice/It's nice to see you again! *(Quel plaisir de vous revoir !)*
Good to see you (again). *(Très heureux[se] de te/vous revoir. [plus familier])*
How have you been? *(Comment allez-vous ?)*

- *Faire une offre*

Can I get you something to drink? *(Voulez-vous boire quelque chose ?)*
Would you like some coffee? *(Voulez-vous un café ?)*
Let me take your coat/jacket. *(Donnez-moi votre manteau/veste.)*

Can I take... *(Puis-je prendre... ?)*
Yes, please. *(Oui, merci.)*
No, thanks. *(Non, merci.)*
No thanks, I'm fine. *(Non merci, ça va.)*

- *Demander/Donner des nouvelles*

How are you? *(Comment allez-vous ?)*
I'm fine, thanks, and you? *(Je vais bien, merci, et vous ?)*
I'm very well, thank you. *(Je vais très bien, merci.)*
How are things? *(Comment ça va ? [plus familier])*
How are you doing? *(Ça boume ? [plus familier])*

- *Dire au revoir*

It's getting late, I must go. *(Il se fait tard, je dois y aller.)*
I must go./I must get going. *(Je dois y aller.)*
Goodbye! *(Au revoir !)*
Have a nice day! *(Bonne journée !)*
Bye! *(Salut ! [familier])*
See you later/soon. *(À plus tard./À bientôt.)*
See you! *(À plus !)*
Take care! *(Salut, prends soin de toi. [amical et familier])*
Let's keep/stay in touch. *(Restons en/Gardons le contact.)*
Have a nice trip back. *(Bon voyage/retour!)*

- *Remercier*

Thank you very much. *(Merci beaucoup.)*
Thanks. *(Merci. [familier])*
Thank you for coming. *(Merci d'être venu.)* (Thank you for + verb + -ing)
It is/was nice of you. *(C'est/C'était gentil de votre part.)*
That's very kind of you. *(C'est très aimable de votre part.)*
You're welcome./Don't mention it./That's allright. *(Je vous en prie./De rien.)*
That's OK./It was a pleasure. *(De rien !)*

APPLICATION 1

Placez ces phrases dans la bonne colonne (lorsque vous accueillez quelqu'un et lorsque vous le quittez) :

	ACCUEIL	DÉPART
Take care!		
Have you been waiting long?		
Let's keep in touch!		
When did you get to Paris?		
Have a nice trip back!		
How long are you staying?		
It's good to see you again.		
See you soon!		
Thanks for coming.		
I must get going.		

APPLICATION 2

Reliez les mots et expressions de même sens :

1. Hello.	a. How have you been?
2. Pleased to meet you!	b. I must be going.
3. How are you?	c. It was a pleasure.
4. Good bye!	d. Good morning!
5. See you soon!	e. How do you do?
6. You're welcome!	f. Hope to see you next week!

GRAMMAIRE

WH QUESTIONS

- **what**: *que/qu'est-ce que/quel(s)/quelle(s) ?*
  What companies have you worked in?
- **which**: *lequel/laquelle/lesquels/lesquelles ? (choix)*
  Which of the two offices do you prefer?
- **when**: *quand ?*
  When did you arrive in Tokyo?
- **where**: *où ?*
  Where is the nearest station?

- **who**: *qui?*
  sujet : Who is the new manager?
  complément : Who do you work for?
- **why**: *pourquoi?*
  Why didn't you call a taxi?
- **what... for**: *pour quelle raison/dans quel but ?*
  What are you here for? (on répond avec to : To see Paul.)
- **what... like**: *comment? (description)*
  What is your assistant like? She is tall and blond.

Attention à respecter ce schéma : ***auxil. + sujet + verbe*** (Did you see him?), ***sauf*** *quand le mot interrogatif est sujet* (Who came yesterday?).

EXERCICE 1

Ajoutez le bon pronom/adjectif interrogatif :

1. —...... is your appointment with? — The personnel manager.
2. —...... did you get here? — This morning.
3. —...... will you meet? — The other colleagues.
4. —...... will you discuss? — The training and the salary!
5. —...... do you need a recorder......? — To record each one of his words and promises!
6. —...... does the meeting take place? — On the second floor.
7. —...... does it start? — At 9.
8. —...... document do you need, this one or that one?
9. —...... was the meeting......? — Great!

EXERCICE 2

Traduisez les phrases suivantes :

1. Comment était la réunion ?
2. Quel dictionnaire préfères-tu ?
3. Quand arrivera le nouveau DRH [HRD] ?
4. Où aura lieu [be held] le congrès ?
5. Pour quelles raisons apprends-tu l'anglais ?
6. Pourquoi êtes-vous si en retard ?

« LEARNING THE ROPES »

• *Les Américains et les Anglais vous appelleront rapidement par votre prénom. Vous serez alors* « on a first name basis ».

• *Les contacts physiques dans les entreprises américaines se limitent à une poignée de main à la première rencontre, lorsqu'on salue un collègue qui doit s'absenter longtemps ou qu'on le félicite. Des collègues peuvent rester des semaines sans se serrer la main. Il n'est absolument pas question de se faire la bise le matin ; le* « cheek-kissing » *est plus que déplacé. Le* « politically correct » *interdit même de se taper dans le dos, de toucher un genou, même par inadvertance. Transgresser ces règles peut avoir de graves conséquences, jusqu'à vous mener devant un tribunal (l'État le plus sévère dans ce domaine est la Californie).*

• « How do you do? » *n'est pas une vraie question ; cela signifie : Bonjour, ravi de faire votre connaissance et se dit lors de la première rencontre. Vous répondrez de même :* « How do you do? » *Attention de ne pas confondre avec* « How are you? » *(Comment allez-vous ?).*

Everything has its day.
Chaque chose en son temps.

UNIT 4

Meeting a visitor (2)

PHRASES-CLÉS

- Se présenter

I don't think we have met.
My name is Stuart Smith, I'm the new Financial Director.
Nice to meet you.
Hello, I'm Henry, the new manager.
Please call me Henry. *(S'il vous plaît, appelez-moi Henry.)*
May I introduce myself. I'm Henry, the new manager. *(Puis-je me présenter...)*

- Présenter quelqu'un

Mark, this is Julie! Julie, this is Mark!
Mark, meet Julie! Julie, meet Mark!
I'd like you to meet Julie. *(J'aimerais vous présenter Julie. [ma formule préférée !])*
Let me introduce Mark. *[plus cérémonieux]*
You know Mark, don't you?
Mark, have you met Julie? *(Mark, connaissez-vous Julie ?)*
Julie, I don't think you know Mark!
You haven't met Julie, have you? *(Vous ne connaissez pas Julie, n'est-ce pas ?)*
I'd like to introduce you to Julie! *(J'aimerais vous présenter Julie !)*

May I introduce you to Julie? *(Puis-je vous présenter Julie ?)*

• *Premiers échanges*

You must be John, I've heard so much about you! *(Vous devez être John, j'ai tellement entendu parler de vous !)*
It's nice to meet you at last. *(C'est agréable de vous rencontrer enfin !)*
I've been looking forward to meeting you. *(J'étais impatient de vous rencontrer.)*
So have I! *(Moi aussi.)*
Have you been waiting long? *(Vous attendez depuis longtemps ?)*
How long have you been here? *(Depuis combien de temps êtes-vous ici ?)*
When did you get to Paris? *(Quand êtes-vous arrivé[e] à Paris ?)*
How long are you staying? *(Combien de temps restez-vous ?)*
Do you know Paris at all? *(Connaissez-vous Paris ?)*
I've been here before on business. *(Je suis déjà venu[e] ici pour affaires.)*
Shall we go and have a drink?/What about a drink?/How about a drink?/How about going for a drink? *(Si on allait prendre un verre ?)*
Would you like to visit the company? *(Voulez-vous visiter la société ?)*
I don't want to bother you. *(Je ne veux pas vous déranger.)*
I'm sorry for being late. *(Désolé[e] d'être en retard.)*
Are you free tonight? *(Êtes-vous libre ce soir ?)*
We would like to invite you to dinner. *(Nous aimerions vous inviter à dîner.)*

• *Prendre congé*

It's getting late, I should be going. *(Il se fait tard, je dois y aller.)*
When will you come back? *(Quand reviendrez-vous ?)*
Can you call me a taxi? *(Pouvez-vous m'appeler un taxi ?)*

It's (has) been a pleasure meeting you. *(Ce fut un plaisir de vous rencontrer.)*
I hope we'll meet again. *(Au plaisir de vous revoir./Je serai ravi[e] de vous revoir.)*
Have a nice trip back! *(Bon retour !)*
Let's keep in touch! *(Restons en contact !)*
Have a nice day! *(Bonne journée !)*
See you later/soon. *(À plus tard./À bientôt.)*
See you! *(À plus !)*
Take care! (US) *(Prenez soin de vous [familier]/Au revoir !)*
Have a nice trip/flight back! *(Bon voyage !/Bon retour !)*
Give my regards/My best regards to your wife. *(Mes amitiés à votre femme.)*

APPLICATION 1

Remettez ces phrases dans le bon ordre en les numérotant de 1 à 10 :

- Can I get you something to drink?
- Did you find us easily?
- How are you?
- Thank you for coming.
- He'll be with you in a minute.
- Please follow me.
- Have a nice trip back!
- Yes, please.
- I have an appointment with Mr Waybot.
- I'm fine, thanks.

APPLICATION 2

Présentez Sue, la nouvelle assistante, à Matt de six manières différentes :

1. ....
2. ....
3. ....
4. ....
5. ....
6. ....

GRAMMAIRE

HOW QUESTIONS

- **how**: *comment ?*
  How did you get here?
- **how many, how much**: *combien ? (quantité)*
  How many people work here? *(dénombrable)*
  How much work do you have? *(indénombrable)*
- **how much**: *combien ? (prix)*
  How much have we earned?
- **how often**: *tous les combien ? (fréquence)*
  How often do you have general meetings?
- **how far**: *à quelle distance ?*
  How far is the convention centre?
- **how long**: *combien de temps ?*
  How long will the appointment last?
  How long have you been working here?
- *Il est courant d'employer* ***how devant un adjectif*** *avec le sens de « à quel point » :*
  How interesting was the meeting?
  How boring was it?
  How expensive was the restaurant?
  How nice is the new assistant?

EXERCICE 1

Ajoutez le mot interrogatif qui convient :

1. ...... has it been raining?
2. ...... do you do?
3. ...... are you feeling this morning?
4. ...... is the company from the station? — 5 minutes' walk.
5. ...... do you go on business trips? — Once a month.
6. ...... does it cost?
7. ...... did you get to the office? — I walked.
8. ...... time did you spend on the project?

EXERCICE 2

Traduisez les phrases suivantes :

1. Comment vous êtes-vous rencontrés ?
2. Combien d'employés y a-t-il dans cette société ?
3. Combien coûte cette formation *[training]* ?
4. Voyagez-vous souvent ?
5. La gare est-elle loin d'ici ?
6. Combien de temps restez-vous à Londres ?

« LEARNING THE ROPES »

• *Le premier réflexe de l'assistante anglaise est de proposer du thé aux visiteurs — il est toujours prêt. Pensez à proposer quelque chose à boire à vos visiteurs anglo-saxons.*

• *La première prise de contact est extrêmement importante dans le monde professionnel. Savoir quel langage employer à ce moment influera sur la suite des relations. C'est également vrai pour les échanges lors des repas, en dehors des réunions et au moment de se quitter.*

I take your word for it.
Je vous crois sur parole.

UNIT 5

Appointments (1)
Rendez-vous

PHRASES CLÉS

- *Prendre/Donner un rendez-vous*

I'd like/I want to make an appointment with Mr Gerard Sab. *(Je voudrais prendre rendez-vous avec M. Gerard Sab.)*

I'll check/Let me check his diary. *(Je consulte son agenda.)*

I'll look in my diary. *(Je vérifie/regarde mon agenda.)*

My diary is full on that date. *(Mon agenda est complet à cette date.)*

I'm afraid I'm not available on Tuesday. *(Désolé[e], je ne suis pas libre mardi.)*

What about/How about 10 o'clock on Friday? *(Que diriez-vous de vendredi à 10 heures ?)*

Are you free on Friday? *(Êtes-vous libre vendredi ?)*

Is Monday convenient/suitable for you? *(Est-ce que lundi vous convient ?)*

Let's make it at 6. *(Si on disait 6 heures ?)*

Does 10 o'clock suit you? *(Est-ce que 10 heures vous convient ?)*

I can fit you in at 11 o'clock. *(Je peux vous voir – entre deux rendez-vous – à 11 heures.)*

I'm seeing Gerard at 6. *(J'ai rendez-vous avec Gerard à 6 heures.)*

You can meet Mr Sab at the restaurant. *(Vous pouvez donner rendez-vous à M. Sab au restaurant.)*
I have a tight schedule *(J'ai un emploi du temps serré.)*
I have arranged a meeting with the Chairman. *(J'ai prévu un rendez-vous avec le président.)*

• *Confirmer un rendez-vous*
I'm calling to confirm Mrs Waknin's appointment. *(J'appelle pour confirmer le rendez-vous de Mme Waknin.)*
I'd like to confirm... *(J'aimerais confirmer...)*
Mrs Waknin will keep her appointment. *(Mme Waknin confirme son rendez-vous.)*
The representative will be at your office at 9 as scheduled/planned. *(Le représentant sera à votre bureau à 9 heures comme prévu.)*
See you on Friday then. *(À vendredi donc !)*
I look forward to seeing you on Friday. *(Ravi[e] de/Au plaisir de vous voir vendredi.)*

APPLICATION 1

Retrouvez dans cette grille la traduction des mots suivants :
libre • occupé • prendre un rendez-vous (2 verbes) • serré • rendez-vous galant • qui convient • tôt • tard • vérifier • emploi du temps • confirmer • convenu • agenda.

E	D	E	G	N	A	R	R	A	C
A	E	I	N	W	Y	S	U	B	O
R	S	C	H	E	D	U	L	E	N
L	K	F	R	M	A	K	E	D	V
Y	C	R	T	I	G	H	T	A	E
I	E	E	B	H	L	H	E	T	N
T	H	E	F	I	X	C	T	E	I
Z	C	D	I	A	R	Y	A	K	E
C	O	N	F	I	R	M	L	J	N
P	S	U	I	T	A	B	L	E	T

APPLICATION 2

Traduisez les phrases suivantes :

1. Je crains de ne pas être disponible mardi 2.
2. J'aimerais confirmer le rendez-vous de M. Paul demain après-midi.
3. Est-ce que le jeudi 12 vous convient ?
4. Si on disait lundi à 5 heures ?
5. Pourrions-nous nous voir la semaine prochaine ?

APPLICATION 3

Construisez un dialogue :

1. Vous prenez rendez-vous pour mardi 18 avec M. Dewight.
2. Il n'est pas libre.
3. Vous consultez votre agenda.
4. Vous proposez le 19 à 5 heures.
5. Vous dites au revoir et confirmez.

GRAMMAIRE

CONCORDANCE DES TEMPS AVEC IF

• **if + présent suivi du futur** : *hypothèse réalisable*

If I have time, I'll meet the new Sales Manager. *(Si j'ai le temps, je rencontrerai le nouveau directeur commercial.)*

If we can, we'll make the appointment earlier.

• **if + prétérit suivi du conditionnel présent** : *situation imaginaire, irréelle, hypothétique*

If I had time, I would meet the new Sales Manager. *(Si j'avais le temps, je rencontrerais...)*

If we could, we would make the appointment earlier.

Avec le verbe **be**, *on utilise* **were** *à toutes les personnes.*

If I were the new manager, I would make new rules.

• **if + plus-que-parfait** (had + participe passé) **suivi du conditionnel passé** (would have + participe passé) : *hypothèse et sa conséquence dans le passé*

If I had had time, I would have met the new Sales Manager. *(Si j'avais eu le temps, j'aurais rencontré...)*

If I had been the new manager, I would have made new rules.

EXERCICE 1

Mettez les verbes entre crochets à la forme qui convient :

1. If you [stay] in the company, I'll give you a pay rise.
2. If I [be] you, I wouldn't behave like that.
3. If I [know], I would have made another offer.
4. If he had stayed longer, I [be] more friendly.
5. They [change] the plans if they could.

EXERCICE 2

Traduisez les phrases :

1. Si j'avais le temps, je t'aiderais.
2. S'il était venu plus tôt, nous aurions pu voir Philip.
3. Si j'étais à ta place, je ferais la même chose.
4. Qu'aurais-tu fait s'il t'avait menti *[lie]* ?
5. Si je rencontre Henry, je l'inviterai à déjeuner.

« LEARNING THE ROPES »

• *Si un visiteur américain annule un rendez-vous, il se peut qu'il vous dise :* « I take a rain check », *ce qui signifie qu'il sollicite un autre rendez-vous. À l'origine, un* « rain check » *est un billet qui peut être réutilisé en cas d'annulation d'un spectacle, et son sens a été étendu à d'autres domaines.*

• *Les Américains, hommes d'affaires compris, sont très ouverts, amicaux et d'un abord facile. Vous serez le plus souvent accueilli avec le sourire, qu'ils vous connaissent ou non, et quelle que soit votre position hiérarchique. C'est ainsi qu'ils vous mettent à l'aise. Si vous n'avez pas l'habitude de sourire aux inconnus, entraînez-vous !*

• *Les Anglo-Saxons appellent leur interlocuteur par son prénom, une façon d'effacer la hiérarchie et le titre professionnel.*

Out of the blue.

Sans prévenir, de manière inattendue.

UNIT 6

Appointments (2)

PHRASES CLÉS

• *Annuler un rendez-vous*

I'm afraid I must cancel/I'll have to cancel my appointment with Miss Ross. *(Désolé[e], mais je dois annuler mon rendez-vous avec Mlle Ross.)*

I'm sorry but I have to break my appointment with Mrs Safari on April 30th. *(Je suis désolé[e] mais je dois annuler mon rendez-vous avec Mme Safari le 30 avril.)*

I can't make it. *(Je ne peux pas venir.)*

Mr Johnson can't make the meeting. *(M. Johnson ne pourra se rendre à la réunion.)*

I'm afraid/I'm sorry I won't be able/I'm not going to keep/make my appointment. *(Désolé[e], je ne pourrai être au rendez-vous.)*

Would it be possible to make/set up/fix another appointment? *(Serait-il possible de fixer/convenir d'un autre rendez-vous ?)*

Could we make it Friday instead? *(On peut le fixer à vendredi à la place ?)*

• *Expliquer un retard*

Miss Twenty will be a little late for her appointment with Mr E. John. *(Melle Twenty sera légèrement en retard à son rendez-vous avec M. E. John.)*

I will be half an hour late for my appointment. *(J'aurai une demi-heure de retard à mon rendez-vous.)*
Mr Smith has been held up/delayed at a meeting in London. *(M. Smith a été retenu/retardé à une réunion à Londres.)*
My taxi is stuck in a traffic jam, I'll be a little bit late. *(Mon taxi est coincé dans un embouteillage, je serai un peu en retard.)*
Miss Twenty is running behind schedule. *(Mlle Twenty est en retard dans son planning.)*

- *Repousser/remettre un rendez-vous*

I'm afraid I'll have to/I must postpone my appointment with the Sales Director. *(Désolé[e], mais je dois remettre le rendez-vous avec le directeur commercial.)*
Sorry, could we put off Mr Johnson's appointment with Mr Bridge on September 20th? *(Désolé[e], pourrions-nous remettre le rendez-vous de M. Johnson avec M. Bridge du 20 septembre ?)*

- *Proposer une autre date*

What date would you prefer? *(Quelle date préféreriez-vous ?)*
What date/When are you able to come? *(Quand pouvez-vous venir ?)*
I'm free on...
I'd like to come on...
I'd prefer...

- *Avancer un rendez-vous*

Could you bring forward the date of our meeting? *(Pourriez-vous avancer la date de notre réunion/rendez-vous ?)*

APPLICATION 1

Reformulez ces phrases :

1. I won't be able to come to the meeting.
2. I'll have to put off the appointment.
3. I'm afraid I can't confirm the appointment with Stuart.

4. Mrs Waknin won't be on time.
5. What date would you prefer?

APPLICATION 2

Comment diriez-vous que :

1. Vous souhaitez annuler le rendez-vous.
2. Votre directeur veut repousser la réunion.
3. Votre représentant a été retardé.
4. Vous ne pourrez vous rendre à la réunion.

GRAMMAIRE

CAN et MUST

• **can** *exprime la capacité, la possibilité, la permission :*

I can type fast.
I can see you at 5.
Can we smoke in the waiting room?

• **can** *peut traduire « savoir » :*

The Managing Director can speak German and Italian.

• **can't** *exprime l'incapacité, l'impossibilité, l'interdiction :*

You can't smoke in this building.
I can't get the operator.

• **could** *est le passé et le conditionnel de* can *:*

They couldn't find a taxi.
If you wanted, I could help you.

• **must** *exprime l'obligation :*

We must go now if we want to catch the train.

• **mustn't** *exprime l'interdiction :*

You mustn't use the phone for personal calls.

• **can** *et* **must** *n'existent pas à tous les temps. Ils ont des verbes de remplacement :*

can = be able to
must = have to

Cependant, il y a une nuance de sens entre **must** *et* **have to** *:*

– **have to** *exprime une obligation extérieure* (I have to wear glasses).

– **must** *exprime l'obligation ressentie par celui qui parle* (I must sign the document now).

Présent	I can understand him.	I must call Paul.
Passé	I could understand him.	I had to call Paul.
Futur	I will be able to understand him.	I will have to call Paul.
Passé comp.	I have been able to understand him.	I've had to call Paul.

• **don't have to** (= needn't) *exprime l'absence d'obligation :*
You don't have to get up early; we'll take a taxi.
You needn't get up...

EXERCICE 1

Mettez ces phrases au temps demandé :

1. I can understand what she is saying. *(passé)*
2. He can catch the train. *(futur)*
3. I must buy a new mobile phone. *(passé)*
4. They must get an international driving licence. *(futur)*

EXERCICE 2

Traduisez les phrases suivantes :

1. Tu dois prendre ton passeport.
2. Elle a dû annuler la conférence.
3. Ils n'ont pas pu venir ensemble *[together]*.
4. Brian pourra nous aider la semaine prochaine.
5. Je ne parle pas espagnol (je ne sais pas).

« LEARNING THE ROPES »

• *Attention à la traduction de* **rendez-vous** *:*
appointment *s'utilise pour un rendez-vous formel (dentiste et médecin inclus).*
date *pour un rendez-vous galant.*
rendez-vous *est vraiment romantique.*

On préférera la formule : I have a **meeting** with Mrs Waknin.

• *Les Anglo-Saxons mettent fin à un rendez-vous par différentes formules, telles que :* « So... » *(Donc,),* « Well. » *(Bien !),* « Anyway. » *(Bon !/Bien !).*

Let's call it a day.
On s'en tient là pour aujourd'hui.

UNIT 7

On the desk, in the office
Sur le bureau, au bureau

FOURNITURES DE BUREAU

bureau (table) : desk
bureau (pièce) : office
fournitures de bureau : stationery
ordinateur : computer
ordinateur portable : laptop
imprimante : printer
cartouche d'encre : ink cartridge
photocopieur : photocopier
corbeille à papiers : wastepaper bin/basket
agrafeuse : stapler
corbeille : tray
trombone : paper clip
scotch : scotch tape
règle : ruler
gomme : rubber (GB)/eraser (US)
taille-crayon : sharpener
feutre : felt pen
surligneur : highlighter
enveloppe : envelope
papier à en-tête : letterhead paper
bloc-notes : writing pad
répertoire : index book

agenda : diary, appointment book
téléphone portable : mobile phone (GB)/cell phone (US)
magnétophone : tape/cassette recorder
calculatrice : calculator
dossier : file
dossiers suspendus : hanging files
dossier à spirale : ring binder
classeur (meuble) : filing cabinet
armoire : closet
classeur pour courrier : rack
étagère(s) : shelf(ves)
rétroprojecteur : OHP, overhead projector.

PHRASES CLÉS

I take some notes down on my writing pad. *(Je prends des notes sur mon bloc-notes.)*
« Papers & Pens » provides us with our office stationery. *(Papers & Pens nous fournit notre matériel de bureau.)*
We keep all the documents in files. *(Nous conservons tous nos documents dans des dossiers.)*
An appointment on Tuesday? Let me check Mr Brown's diary. *(Un rendez-vous pour mardi ? Je consulte l'agenda de M. Brown.)*
Businessmen use laptops; they are small enough to be carried. *(Les hommes d'affaires utilisent des ordinateurs portables. Ils sont assez petits pour qu'on les porte.)*
I keep all my files in a metal filing cabinet; they are safe there. *(Je conserve tous mes documents dans un classeur en métal ; ils y sont en sécurité.)*
I use a pink highlighter to mark the important parts of the document. *(J'utilise un surligneur rose pour faire ressortir les parties importantes du document.)*
The incoming mail is put on a rack. *(Le courrier qui arrive est mis dans un classeur.)*
Please put the dictionary on the shelf. *(Pose le dictionnaire sur l'étagère, s'il te plaît.)*

My printer doesn't work. Can you fix/repair it? *(Mon imprimante ne marche pas, peux-tu la réparer ?)*

APPLICATION 1

Chassez l'intrus dans chaque ligne :

1. mobile phone • highlighter • cell phone
2. filing cabinet • closet • stapler
3. felt pen • computer • laptop
4. index book • sharpener • diary
5. computer • appointment book • diary
6. paper clips • staples • envelopes
7. printer • eraser • rubber
8. photocopier • rack • fax machine.

APPLICATION 2

What is it?

1. It is small enough to be carried anywhere: ....
2. I use it to mark important words: ....
3. It holds the sheets *(feuilles)* together: ....
4. I use it to note down my appointments: ....
5. It is used to keep files. It is usually made of metal drawers: ....

APPLICATION 3

Reliez le mot anglais à sa traduction française :

1. stationery	a. gomme
2. paper clips	b. dossiers suspendus
3. hanging files	c. dossier
4. ring binder	d. agrafeuse
5. filing cabinet	e. fournitures de bureau
6. sharpener	f. trombones
7. stapler	g. règle
8. ruler	h. meuble classeur
9. file	i. dossier à spirale
10. eraser	j. taille-crayon

GRAMMAIRE

OMISSION DE L'ARTICLE « THE »

On ne met pas d'article dans les cas suivants :

• *devant les noms ayant un sens* **très général** :

I like music.
Managers should all speak English.
Offices are hot in summer without air-conditioning.
Personal assistants are dedicated to their job.
Meetings are time-consuming.

• *devant des noms désignant des* **abstractions**, *des* **indénombrables** (knowledge, employment, responsibility, work, patience, time, money, information, advice, luggage, furniture, pollution, information, productivity) :

They require experience for this position.
Time is money.
Productivity is high.
She is looking for employment.

• *devant des noms de* **continents, pays, langues, rues, lieux** *(gares, universités, aéroports...),* **mois, jours, matières** :

Africa is too big to visit it in two months.
I like working in England.
Arabic is a difficult language.
Our branch is on 5th Avenue.
Heathrow airport is 15 minutes from our office.
We import steel.
Monday is a long day!

EXERCICE 1

Traduisez les phrases suivantes :

1. Notre bureau se trouve près de Kensington Park.
2. Où se trouve la Colombie ?
3. J'ai déjà travaillé au Moyen-Orient.
4. Jeremy parle l'allemand et le chinois.
5. Nous recevons nos clients le mardi.
6. Les voyages d'affaires prennent du temps.
7. Nous devons faire face à la pollution et au chômage.

EXERCICE 2

Ajoutez **the** *si nécessaire ou* **Φ** *s'il ne faut pas d'article :*

1. We went to ...... most expensive restaurant for ...... dinner.
2. ...... plane is the quickest means of transport.
3. In this restaurant, ... breakfast is served from 7 to 10.
4. ...... Japanese manager doesn't speak ...... English.
5. Peter's factory is on ...... Bellevue Avenue.
6. We took a taxi to ...... station.
7. What time is ...... breakfast?
8. He spent a lot of ...... money on souvenirs.
9. ...... unemployment is high.
10. ...... Italian is a beautiful language.
11. Did you get ...... job you applied for?
12. ...... life is easier with ...... computers.
13. I think ...... people are nicer in this company.
14. All ...... new files are on ...... top shelf.
15. ...... swimming is my favourite sport.

« LEARNING THE ROPES »

• *Toujours dans le respect du* « politically correct », *les murs des bureaux aux États-Unis ne sont décorés que de photographies personnelles neutres, telles que celles de membres de la famille, et de représentations artistiques ou de documents ayant un rapport avec l'entreprise : mémos, récompenses, diplômes ou photos d'événements professionnels. Aucun objet religieux ou politique n'est admis, ni même un calendrier de pin-up ou de rugbymen... Vous pouvez être poursuivi pour avoir contribué à créer* « an hostile environment ».

Simple as ABC.
Simple comme bonjour.

UNIT 8

Date and time
Date et heure

DATE

• *Il y a deux façons d'écrire la date :*

– ***jour + date + mois*** : **Tuesday 14th January** (on dit : **Tuesday the fourteenth of January**)

– ***jour + mois + date*** : **Tuesday January 14th** (on dit : **Tuesday January the fourteenth**)

(Il n'est pas toujours nécessaire de mentionner le jour.)

• *Les Américains ont tendance à dire* **« January fourteenth »** *(sans* **« the »** *) et à écrire* **« January 14th »** *ou* **« January 14 »** *(sans «* **-th** *», «* **-nd** *» ou «* **-rd** *», et sans mettre de virgule).*

Les mois peuvent être abrégés en utilisant les premières lettres, toujours avec une majuscule initiale : **Jan., Feb., Mar., Apr., Jun., Jul., Aug., Sept., Oct., Nov., Dec.**

• *Attention : si vous écrivez la date en chiffres, le 3/11/1998 français, par exemple, deviendra en américain 11/3/1998,* **le mois placé en premier**.

• *Comme vous l'avez constaté, on utilise dans les dates des* **nombres ordinaux (the first, the second, the third, the fourth, the fifth, etc.) : 1st, 2nd, 3rd, 4th, 5th... 21st, 22nd, 23rd, 31st.**

It's Dec. 24th. *Nous sommes le 24 décembre.*

• *Pour les années, on énonce les chiffres 2 par 2 :*

1998: nineteen ninety-eight
1987: nineteen eighty-seven
1905: nineteen O five

mais *2000 se dit* : « two thousand » *et 2005* « two thousand and five ».

• What is today's date?/What's the date today?/What date is it today? *(Nous sommes le combien aujourd'hui ?/ Quel jour sommes-nous ?)*

• *N'oubliez pas : les noms des* **jours** *et des* **mois** *commencent toujours par une* **majuscule** *en anglais.*

HEURE

• *Pour demander l'heure* : **« What time is it? »** *ou* **« What's the time? »**

5 heures : **five o'clock** *ou, plus simplement,* **five**

5 heures précises : **five o'clock sharp**

5 h 05 : five past five	*5 h moins 5 :* five to five
5 h 10 : ten past five	*5 h moins 10 :* ten to five
5 h 15 : (a) quarter past five	*5 h moins le quart :* (a) quarter to five
5 h 20 : twenty past five	*5 h moins 20 :* twenty to five
5 h 25 : twenty-five past five	*5 h moins 25 :* twenty-five to five
5 h 30 : half past five	

• *Les Américains ont tendance à dire :*

5 h 20 : five twenty *ou* twenty after five
5 h moins 20 : twenty of five
7 h 30 : seven thirty

• *Midi se dit* : twelve o'clock/twelve/midday/noon

• *Minuit se dit* : midnight

• *Pour les horaires (gares, aéroports, radio, TV), les heures se disent de 1 heure à 24 heures* : The train leaves at 14:40 (fourteen forty).

• *Ne soyez pas étonné d'entendre* : « 21 hundred hours » *(au lieu de* « o'clock ») : 21:00

• *Faites très attention à l'emploi très courant de* **a.m.** *et* **p.m. :** a.m. *(du latin ante meridiem : avant midi) : de minuit à midi, et* p.m. (post meridiem, *après midi*) *: de midi à minuit.*

10 heures du matin : 10 a.m.

10 heures du soir : 10 p.m.

Si vous vous trompez, vous risquez d'avoir de drôles de surprises...

APPLICATION 1

Écrivez en anglais les dates suivantes en toutes lettres et de deux manières différentes :

1. 11 octobre 1947
2. 31 juillet 1979
3. 6 novembre 1946
4. 1er janvier 2000

Faites de même pour les heures (plusieurs possibilités) :

1. 18 heures
2. 3 heures du matin
3. midi et quart
4. minuit moins cinq
5. 17 h 50

APPLICATION 2

Dites ces heures et dates autrement :

1. 11:10: ten past eleven: ....
2. 10:45: quarter to eleven: ....
3. 12: noon: ....
4. 13:00: one o'clock: ....
5. September the twelfth two thousand and five: ....
6. the seventh of May nineteen ninety-eight............

GRAMMAIRE

PRÉPOSITIONS DE TEMPS (IN, ON, AT) ET EXPRESSIONS DE TEMPS

• **in + idée de futur :**

In two days. In two months' time. In two years.

- **in + année/mois/saison/siècle :**
  In the morning. In the evening. In the afternoon.
  In January. In 2004. In the 20th century.
- **on + date/jour:**
  On January 14th. On Saturday. On Sunday morning.
- **at + heure:**
  At six o'clock. At midday.
- **during + nom:**
  During the meeting. During our lunch.
- **expressions de temps avec at :**
  At dinner time. At lunch time. At weekends.
  At Christmas. At night.
- **autres expressions de temps :**
  today *(aujourd'hui)*
  tomorrow *(demain)*
  the day after tomorrow *(après-demain)*
  yesterday *(hier)*
  the day before yesterday *(avant-hier)*
  two days ago *(il y a deux jours)*
  from Monday to Friday *(de lundi à vendredi)*
  once a week *(une fois par semaine)*
  twice a week *(deux fois par semaine)*
  three times a week *(trois fois par semaine)*
  in a fortnight = in two weeks *(dans deux semaines)*
  every other day *(un jour sur deux)*

EXERCICE 1

Complétez avec **in**, **on**, **at**, **during** *:*

1. The meeting will take place ...... Sept. 9th.
2. I'll start my new job ...... December.
3. I never have breakfast ...... the morning.
4. ...... the moment, he is busy repairing the computer.
5. ...... weekends I play golf.
6. I enjoy smoking a good cigar ...... night.
7. We met ...... 2000 ...... my holidays in Ireland.
8. America was discovered ...... the 15th century.

9. We can meet ...... 2 o'clock ...... June 3rd.
10. He kissed me ...... midnight.

EXERCICE 2

En admettant que nous soyons le samedi 13 janvier, écrivez les dates suivantes :

1. yesterday:
2. the day after tomorrow:
3. tomorrow:
4. today:
5. in a fortnight:
6. five days ago:
7. in ten days:
8. last Monday:
9. next Monday:

EXERCICE 3

Traduisez les phrases suivantes :

1. La lettre a été envoyée le 3 septembre.
2. Je l'ai rencontré mercredi dernier.
3. Le congrès se tiendra en février.
4. Notre client américain sera là le matin vers 9 heures.
5. Il a signé le document avant-hier.

« LEARNING THE ROPES »

• *Attention : la ponctualité est un trait caractéristique des Anglo-Saxons, ne mettez pas en péril une affaire importante en arrivant dix minutes en retard à cause de la circulation. Soyez prévoyant !*

• *Pour éviter les erreurs et les confusions, remplacez* « a.m. » *et* « p.m. » *par* « in the morning », « in the afternoon », « in the evening ».

• *Il est plus courant d'ajouter le mot « minutes » lorsque les minutes ne sont pas un multiple de 5 :* « twenty-four minutes to eleven » *mais* « twenty to eleven ».

• « early », « mid », « late » *pour diviser des périodes de temps :*

early/mid/late eighties: *le début/le milieu/la fin des années 80.*

Time's up.
C'est l'heure.

UNIT 9

Figures
Chiffres

PHRASES CLÉS

• *Écrire les chiffres* : 1 *(comme une barre simple)* - 7 *(sans barre)* - 9 *(sans petite boucle)*

• **hundred** *(cent)*, **thousand** *(mille)*, **million**

500: five hundred
12,000: twelve thousand
321,876: three hundred and twenty one thousand eight hundred and seventy six
2,000 000: two million
several hundred pages: *plusieurs centaines de pages*

« hundred », « thousand » *et* « million » *ne prennent pas de* « s » *après un nombre (ainsi qu'après* « several », « many », « a few »*). Ils prennent un « s » quand ils traduisent centaines, milliers, millions :*

hundreds of employees, thousands of dollars, millions of people.

• *Attention de bien placer une virgule après les milliers :*
3,540 : three thousand five hundred and forty.
Dire « and » *avant les deux derniers chiffres (les Américains s'en passent ; ils disent :* 1,500 - fifteen hundred*)*

• **nombres décimaux :**
En anglais, les décimales sont séparées par un point :
10.5 : ten point five *(10,5 en français).*

• **milliard** : one thousand million (GB)/one billion (US)
Billion *et* million *restent invariables.*

• **fractions :**

1/2 : one half/a half
1/3 : one third
1/4 : one fourth
1/10 : one tenth
2/5 : two fifth.

Le deuxième élément est un nombre ordinal.

• **pourcentages** :

10% : ten per cent/percent
35% of the staff is bilingual. *(35% du personnel sont bilingues.)*

• **first, last, next :**
Ils se placent en premier :

the first two days: *les deux premiers jours*
the last ten lines: *les dix dernières lignes*
the next three months: *les trois prochains mois*

• **zéro** *peut se dire* « zero » *ou* « nought » (GB). *Il se dit* « O » *(comme la lettre) pour le téléphone et* « zero » *pour les températures* (2 below zero : *moins 2*).

• les **numéros de téléphone** (n° ou # aux USA) *s'énoncent un par un :* o *se dit* « oh » *en* GB *et* « zero » *aux* USA.

01 46 24 81 75 se dira : oh, one, four, six, two, four, eight, one, seven, five
44 : double four

APPLICATION 1

Écrivez ces nombres, fractions, pourcentages et numéros de téléphone en toutes lettres (attention aux virgules et aux points) :

a. 19,841
b. 4.2
c. 5/8
d. 6,301
e. 12/10
f. 10.35

g. 28%
h. 02 56 23 40 77
i. 1001

APPLICATION 2

Écrivez ces nombres en chiffres :

1. One thousand three hundred and forty-nine: ....
2. Two hundred thousand: ....
3. Two quarters: ....
4. Eight hundred and thirty-three: ....
5. Two fifth: ....
6. Two hundred and eleven thousand one hundred and fifty-six: ....

APPLICATION 3

Traduisez :

1. Les dix dernières pages.
2. Des milliers de personnes *(people).*
3. Les trois prochaines semaines.
4. Les quatre premiers numéros.
5. Des centaines de dollars.

GRAMMAIRE

HOW MUCH/HOW MANY : COMBIEN (DE)

• **how much + singulier** *(ce que l'on ne peut pas compter – « uncountable »)*: time *(temps)*, work, water, energy, petrol, rain, patience, sugar, wine...

How much money did you spend yesterday?

• **how many + pluriel** *(ce que l'on peut compter – « countable ») :* countries, employees, meetings, tourists, chairs, ideas, times (dans le sens de *fois*), days...

How many books have you read?

Attention : on dit : « How many people... »

Cette règle s'applique aussi à « much » *et* « many » *pour traduire « beaucoup ».*

EXERCICE 1

Complétez ces phrases avec **how much** *ou* **how many** :

1. ...... people came to your presentation?
2. ...... food will you serve tonight?
3. ...... complimentary tickets did you get?
4. ...... pages have you typed so far?
5. ...... time can we spend on this project?

EXERCICE 2

Ajoutez **many** *ou* **much** *devant ces mots :*

1. ...... tickets
2. ...... cake
3. ...... money
4. ...... pages
5. ...... patience
6. ...... time
7. ...... tea
8. ...... words
9. ...... people
10. ...... countries
11. ...... employees
12. ...... work

« LEARNING THE ROPES »

Les ***symboles mathématiques*** *en anglais :*

= : equals
+ : plus
- : minus
x : multiplied by/times
(38 x 18 se dit : thirty eight times eighteen *ou* thirty eight multiplied by eighteen.)
÷ : divided by

First things first.
Chaque chose en son temps.

UNIT 10

Business documents
Documents professionnels

PHRASES CLÉS

The company hired students to hand out/distribute leaflets/brochures to passers-by in the street. *(La société a embauché des étudiants pour distribuer des prospectus/dépliants) aux passants dans la rue.)*

The in-house magazine is produced by the company for its staff. *(Le journal d'entreprise est réalisé par la société pour son personnel.)*

Please fill in/out this form. *(Merci de remplir ce formulaire.)*

The company sends a newsletter to its clients four times a year. *(La société envoie un bulletin à ses clients quatre fois par an.)*

There are five points to discuss on the agenda. *(Il y a cinq points à traiter dans l'ordre du jour.)*

Jane will take the minutes at the meeting. *(Jane prendra les notes pendant la réunion.)*

We are interested in your new range of products. Could you please send us your price list? *(Votre nouvelle gamme de produits nous intéresse. Pourriez-vous nous envoyer vos tarifs, s'il vous plaît ?)*

We haven't received your invoice yet. We'll send you a cheque/check (US) as soon as we get it. *(Nous n'avons pas*

encore reçu votre facture. Nous vous enverrons un chèque dès que nous la recevrons.)
Here's my business card. *(Voici ma carte de visite.)*
Paul read all the literature in environmental issues. *(Paul a lu toute la documentation sur les problèmes d'environnement.)*
The balance sheet shows the assets and liabilities of the company. *(Le bilan financier montre l'actif et le passif de la société.)*
Let me show you the sales ledger. *(Laissez-moi vous montrer le registre des ventes.)*
Don't forget to fill in/out your income tax return. *(N'oublie pas de remplir ta déclaration d'impôts.)*
We have received an important registered letter. *(Nous avons reçu une lettre recommandée importante.)*
Mr Sab will certainly give us a proxy. *(M. Sab nous donnera certainement une procuration.)*
The candidates have interesting résumés/CV. *(Les candidats ont des CV intéressants.)*
If you lend him money, don't forget to ask him for an IOU (= I owe you). *(Si tu lui prêtes de l'argent, n'oublie pas de lui demander une reconnaissance de dette.)*

APPLICATION 1

Complétez cette grille en donnant la traduction anglaise des mots ci-dessous :

1. plaquette
2. facture
3. ordre du jour
4. étiquette
5. reçu
6. agenda
7. brevet
8. brochure
9. rapport
10. registre
11. procès-verbal

12. formulaire
13. contrat
14. CV
15. prospectus.

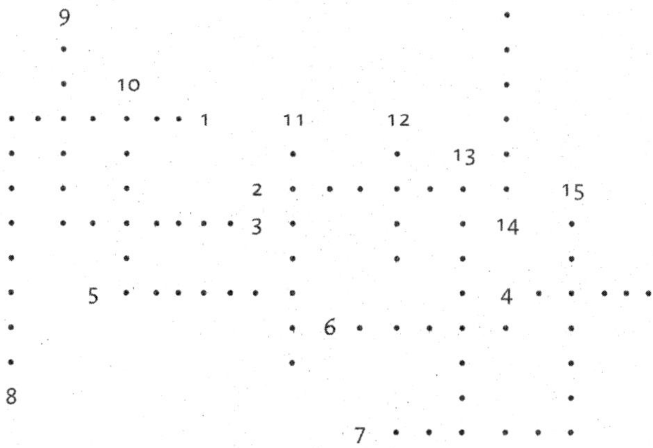

APPLICATION 2

Choisissez le bon mot :

1. Send us your [proxy/invoice] and we'll send you a cheque.
2. I can't come to the Board meeting. Here's my [proxy/file].
3. We need the [newsletter/receipt] to change the article.
4. We'd like to order a computer. Could you send us your [balance sheet/price list]?
5. The company secretary will write the [agenda/minutes].

GRAMMAIRE

FORMATION DES ADJECTIFS

On peut former des adjectifs en ajoutant un suffixe à un verbe ou à un nom :

verbe + suffixe	communicative enjoyable readable forgetful
nom + suffixe	rainy wealthy effortless daily painful respectful dangerous cultural surprising Chinese feverish

On peut également former des adjectifs de la manière suivante :

adjectif + suffixe	greyish wildish
préfixe + adjectif (pour obtenir l'adjectif de sens contraire)	uninteresting unable unanswerable impossible irrational independent disorganised

EXERCICE 1

Formez des adjectifs à partir des mots suivants :

courage • reason • power • construct • wash • beauty • fame • sun • interest • month • replace • Japan • music • grace • trend • colour • care • care • child • agress.

EXERCICE 2

Donnez le contraire des adjectifs suivants :
reliable • mature • responsible • satisfied • capable • agreeable • pleasant • honest • refutable • relevant • certain.

« LEARNING THE ROPES »

Le mot agenda se traduit par « diary » *ou* « appointment book ».
Attention de ne pas le confondre avec le mot anglais « agenda », *qui signifie « ordre du jour d'une réunion ».*

Think twice.
Réfléchir à deux fois.

UNIT 11

Business letters (1)
Lettres commerciales

PHRASES CLÉS

• *Formules de politesse*

On commence par	*On finit par*
Dear Sir,	Yours faithfully
Dear Madam,	,,
Dear Sirs,	,,
Dear Mr Johnson,	Yours sincerely/Sincerely yours
Dear John,	With best/kind regards,
Hi John! (un ami)	Love/With Love

• « **Dear John** » *est suivi d'une virgule (GB) ou de deux points (US).*
• « **Yours truly** » *peut remplacer* « **Yours faithfully** » *quand les personnes se connaissent mieux. On peut encore terminer la lettre par* « **With best regards** » *ou* « **With kind regards** » *(Amicalement/Cordialement).*
« **Love/With love** » *sont des formules réservées aux amis et aux proches.*

• *Début*
With reference to your letter/advertisement... *(Suite à votre lettre/annonce...)*

Thank you for your letter of.../dated... *(Nous vous remercions de votre courrier du...)*
We acknowledge receipt of your letter dated... *(Nous accusons réception de votre courrier du...)*
We have received your letter dated... *(Nous avons bien reçu votre courrier du...)*
Following your letter of... *(Suite à votre lettre du...)*
In reply to your inquiry of... *(En réponse à votre demande du...)*
As agreed during our recent telephone conversation... *(Comme convenu lors de notre récent entretien téléphonique...)*

- *Fin*

We look forward to hear**ing** from you soon/receiv**ing** your answer. *(Dans l'attente de vous lire/de recevoir votre réponse...)*
We are looking forward to your visit/to your reply/to a prompt reply./Looking forward to your visit/your reply. *(Dans l'attente de votre visite/réponse...)*
We remain at your disposal. *(Nous restons à votre entière disposition.)*
We will get in touch with you again. *(Nous vous recontacterons.)*
Feel free to contact us if.../Do not hesitate to... *(N'hésitez pas à nous contacter si...)*
We hope to receive your reply. *(Nous espérons recevoir votre réponse.)*
Thank you for.../We would like to thank you for... *(Merci pour...)*
Please let us know... *(Veuillez nous faire savoir...)*
We would be grateful if you could... *(Nous vous serions reconnaissants de bien vouloir...)*

APPLICATION 1

Reconstituez ces phrases dans le bon ordre :

1. forward / are / to / order / we / your / looking / receiving /

2. you / send / your / we / be / if / catalogue / would / grateful / us / could /
3. 30th April / you / your / of / for / letter / thank /
4. receipt / of / letter / July / 31st / acknowledge / we / your / of /
5. us / free / further / need / feel / to / you / contact / if / information /
6. if / products / us / need / information / let / about / know / you / more / our/

APPLICATION 2

Comment diriez-vous que :

1. Vous les recontacterez bientôt.
2. Vous êtes impatient de les rencontrer.
3. Vous faites référence à l'annonce.
4. Vous accusez réception du courrier du 8 octobre.

GRAMMAIRE

PRÉSENT SIMPLE ET PRÉSENT PROGRESSIF (OU CONTINU)

• *Le* **présent simple** *sert à exprimer une action habituelle, répétée, une vérité, une généralité :*

Where do you work?
Water freezes at 0°C.
They go to New York once a month.
I don't understand.

Il est employé pour indiquer les horaires :

The plane takes off at 5.

Certains adverbes peuvent l'accompagner : often, never, sometimes, seldom (= rarely), usually *(habituellement)*, always, frequently, hardly ever *(presque jamais)*

He always speaks fast.
She never smokes.

Les verbes suivants ne se mettent pas à la forme progressive ; ils ne se mettent qu'au présent simple : want, understand, know, love, mean, prefer, remember, hear, see, need *(avoir besoin)*, believe *(croire)*.

On utilise « do » *et* « does » *pour les formes interrogative et négatives :*

Do you like your job?
Does he like his job?
I don't believe him.
She doesn't work on Wednesdays.

• *Le* **présent progressif (*be au présent + verb + ing*)** *sert à exprimer une action en train de se dérouler :*

What are you doing? I am typing a letter.

Il s'utilise également avec des verbes de position :

I am sitting, he is lying, she is standing. *(Je suis assis[e], il est allongé, elle est debout.)*

Il sert aussi à exprimer une action prochaine, un projet :

I am travelling tomorrow. *(Je voyage demain.)*
He is leaving at 6. *(Il part à 6 heures.)*

EXERCICE 1

Choisissez le bon présent :

1. I [go/am going] to Chicago tomorrow.
2. They [play/are playing] golf on Sundays.
3. What [are you doing/do you do] now?
4. Water [boils/is boiling]. Make some tea!
5. Our train [is leaving/leaves] at 7.
6. The English [are drinking/drink] a lot of tea.
7. I [am seeing/see] Jane tonight.
8. She [sits/is sitting] on the floor.
9. He [is believing/believes] in God.
10. I [think/am thinking] it would be a good idea.

EXERCICE 2

Mettez ces phrases à la forme interrogative :

1. Susan works part-time.
2. Chris is opening the door.
3. I am meeting her at the airport.
4. The train leaves at 8.
5. He likes tea.

« LEARNING THE ROPES »

• *En français, les formules de politesse sont extrêmement nombreuses, recherchées et parfois pompeuses ! L'anglais, au contraire, privilégie la simplicité et la concision ; elles sont donc plus simples à apprendre et à mémoriser ; la correspondance anglaise s'apparente plus à la langue parlée.*

• *Évitez les contractions* (we'll, we've) *dans les lettres commerciales. Préférez les formes pleines* (we will, we have).

• *Le passif remplace couramment la 1re personne. Il vaut mieux dire :* **« The catalogue was sent to you »** *que* **« I sent you the catalogue ».**

• *N'oubliez pas les* ***ponctuations*** (punctuations) *qui facilitent la compréhension de la lettre. Voici les principales :*

. **full stop/period** (US) *(point)*
, **coma** *(virgule)*
; **semi-colon** *(point-virgule)*
: **colon** *(2 points)*
— **dash** *(tiret) (remplace les parenthèses du français)*
( ) **brackets** *(parenthèses)*
? **question mark** *(point d'interrogation)*
! **exclamation mark** *(point d'exclamation)*
... **dots/suspension points** *(points de suspension)*
\- **hyphen** *(trait d'union pour les mots composés)*
«...» **quotation marks** *(guillemets)* (**quote/unquote**: *ouvrez/fermez les guillemets*)
/ **slash** ***(barre de fraction).***

Speak your mind.
Dis ce que tu penses./Dites ce que vous pensez.

UNIT 12

Business letters (2) / E-mails

PHRASES CLÉS

• *Pièces jointes* (Enclosures)

Please find enclosed/attached... *(Veuillez trouver ci-joint...)*

We enclose our cheque. *(Vous trouverez ci-joint notre chèque.)*

Attached you will find.../We are enclosing... *(Nous joignons...)*

As requested, we are sending you... *(Suite à votre demande, nous vous envoyons...)*

We are sending you under separate cover... *(Nous vous envoyons sous pli séparé...)*

As agreed during our telephone conversation, I am sending you... *(Comme convenu lors de notre entretien téléphonique, je vous adresse...)*

• *Corps de la lettre* (Body of the letter)

I am/We are writing to inform you that/to tell you that/to confirm/to thank you for...

We would be interested in placing an order... (in + verb + -ing)

We would be grateful if you could... *(Nous vous serions reconnaissants de bien vouloir...)*

We are pleased to inform you/to confirm you that...

Would you be so kind as to... *(Pourriez-vous avoir l'obligeance/l'amabilité de...)*

We are arranging for/We are making arrangements for your visit. *(Nous prenons les dispositions nécessaires en vue de votre visite.)*
In accordance with your instructions... *(Conformément à vos instructions...)*
Please note that... *(Veuillez noter que...)*
We would like to draw your attention to the fact that... *(Nous nous permettons d'attirer votre attention sur le fait que...)*

- Problems

Please accept our apologies for the delay/inconvenience. *(Veuillez accepter nos excuses pour le retard/la gêne.)*
We regret to inform you that... *(Nous avons le regret de vous informer que...)*
We would like to apologize/We apologize for the delay. *(Veuillez nous excuser pour le retard.)*
We are sorry to inform/tell you that...
We assure you that this will not happen again. *(Nous vous assurons que cela ne se reproduira plus.)*

- Information

We wish to have further information about... *(Nous aimerions avoir des renseignements sur...)*
We are interested in your latest range of products.
Could/Would you please send us/inform us about...
Please send us your catalogue.
Please let us have the price/details.
We would be grateful if you could send us... *(Nous vous serions reconnaissants de nous faire parvenir...)*
We would be interested in receiving.../if you could send us.../in further details about... *(des renseignements complémentaires au sujet de...)*
Further to your request... *(Suite à votre demande...)*

- Prices

Would you be so kind as to give us your current price/quotation. *(Veuillez avoir l'obligeance de nous indiquer votre prix actuel.)*

We are pleased to include our price list. *(Nous sommes heureux de vous adresser nos tarifs.)*
Could you send us your current rates? *(Pourriez-vous nous envoyer vos taux actuels ?)*
Could you please confirm these prices by return of mail? *(Pourriez-vous nous confirmer ces prix par retour du courrier ?)*

• EMAILS

Pour donner son adresse électronique (par exemple : mailto: *coco_english@nomistake.com), on dira :* « C O C O (*prononcé lettre par lettre*), underscore, english, at, no mistake, all one word, dot com ».

@ at
/ slash
_ underscore
. dot
- hyphen
all one word : *en un seul mot*
capitals : *majuscules*
small letters : *minuscules*

Les messages sont courts et directs, mais pas forcément informels.

• *Titre*

John/Dear John/Hi John

• *Début*

Thanks for...
Just a quick message...
This is to let you know...
I want to...

• *Fin*

All the best.
Best regards.
Regards.
See you.
Ben. (signature simple)

Take care.
WBW (with best wishes).

APPLICATION 1

Traduisez ces phrases :

1. Nous vous envoyons sous pli séparé notre catalogue et nos tarifs.
2. Nous vous prions de nous excuser pour ce retard.
3. Dans l'attente de votre prochain courrier...
4. Nous serions intéressés par des informations complémentaires au sujet de votre nouvelle gamme de produits.
5. Veuillez accepter nos excuses pour ce retard.
6. Nous vous prions de bien vouloir confirmer votre commande.

APPLICATION 2

Complétez ces phrases :

1. We are .... to inform you that the prices quoted are still valid.
2. Please do not .... to contact us.
3. I would be .... if you could send me a copy of the letter.
4. Could you give us some .... information about your job experience.
5. With .... to your inquiry...
6. Please find .... our latest price list.
7. We .... to inform you that the article is not available.

APPLICATION 3

Reliez les formules formelles de la colonne de gauche à leurs équivalents plus familiers de droite :

1. Please find enclosed....	a. Sorry about...
2. Dear Charlize....	b. Please
3. I would be grateful if you could...	c. Let us know if you need more info

4. I regret to inform you...	d. This is to let you know
5. I'd like to inform you...	e. Please send it back to us
6. Do not hesitate to contact us if you need further information.	f. Hi Charlize
7. Could you please sent it back to us.	g. I attach

GRAMMAIRE

L'EXCLAMATION

L'exclamation peut s'exprimer de différentes manières :

- **what + nom**
  What a nice letter!
- **what** *est suivi d'un nom au pluriel :*
  What managers!
- **what a/an** *est suivi d'un nom au singulier :*
  What a manager!
- **such + nom**
  It's such a nice letter!
- *Attention à la place de* **a** *dans* **such a** *:*
  He is such a good manager! *(C'est un si bon directeur !)*
- **how + adjectif/adverbe**
  How late it is!
- *Attention à l'ordre des mots pour ne pas confondre l'exclamation et l'interrogation :*
  How old is she? *(interrogation) mais* How old she is! *(exclamation)*
- **so + adjectif/adverbe**
  It is so late!
- **so much, so many**: *tellement de (+ nom)*
  She has written so many letters.
  I have so much work.

EXERCICE 1

Complétez avec : **so, such, such a, how, what, what a/an**

1. .... interesting letter!
2. .... lucky we were!

3. .... unusual answers!
4. He's .... shy!
5. Have you ever seen .... good film?
6. I received .... answers!
7. .... beautiful roses!

EXERCICE 2

Reconstituez des phrases avec ces mots en désordre :

1. such • had • we • time • a • good • !
2. at • food • hotel • bad • was • the • the • so • !
3. did • why • so • letters • you • write • many • ?
4. the • was • how • meeting • interesting • !
5. great • a • what • speaker • !

« LEARNING THE ROPES »

• *Appliquez le principe des « 3 C » lorsque vous écrivez un e-mail :* ***c**ourt, **c**lair, **c**oncis (en anglais, on dit* « kiss » *:* **K**eep **i**t **s**hort and **s**imple*).*

• *Le e-mail a remplacé notre bon vieux courrier postal appelé* « snail mail » *(courrier escargot). Attention de ne pas dire* « mail » *lorsque vous voulez parler d'un e-mail : on pourrait confondre avec le courrier postal.*

• *Attention : on écrit* apologi**s**e *en anglais et* apologi**z**e *aux États-Unis.*

Let's talk it over.

Parlons-en.

UNIT 13

Business verbs
Verbes

VOCABULAIRE

diriger une société : run/manage a company
fournir des services : provide services
atteindre un but/un résultat, réaliser un rêve : achieve a goal/an outcome/a dream
faire des affaires : do business
faire des bénéfices, un voyage d'affaires : make a profit, a business trip
assister à des réunions : attend meetings
traiter des questions difficiles : deal with/handle difficult issues/matters
résoudre des problèmes : solve problems
convoquer/assister à des réunions : call/attend meetings
conclure un accord : come to/reach an agreement
être responsable auprès de... : report to...
faire le lien avec le personnel : liaise with the staff
nommer des directeurs : appoint/nominate managers/directors
mettre en place des stratégies : implement/develop strategies
répondre aux besoins de la clientèle : meet clients' needs
réduire les coûts : reduce/cut costs/expenses
vérifier les comptes : check/examine accounts

lancer une campagne/un produit : launch a campaign/a product
s'adresser à ses actionnaires : address shareholders
prendre la parole : take the floor
faire un discours : deliver a speech
racheter des sociétés : take over companies
pénétrer un marché : break into a market
s'attaquer à un marché : tap a market
négocier des contrats : negotiate contracts
conclure un marché : close a deal
prendre des mesures : take measures
prendre des risques : take/run risks
former des équipes : build/set up teams
fabriquer des marchandises : manufacture goods
présider une réunion : preside over/chair a meeting

PHRASES CLÉS

Our son runs a software company in Silicon Valley. *(Notre fils dirige une société de logiciels dans la Silicon Valley.)*
Mr Matthew's company will probably be taken over soon. *(La société de M. Matthew sera probablement bientôt reprise.)*
We are planning to break into the Asian market. *(Nous avons l'intention de pénétrer le marché asiatique.)*
The meeting was attended by 200 people. *(Deux cents personnes ont assisté à la réunion.)*
Our CEO (Chief Executive Officer) liaises with the other directors before making important decisions. *(Notre P-DG en réfère aux autres directeurs avant de prendre des décisions importantes.)*
Jerry handles the company's accounts. *(Jerry s'occupe des comptes de la société.)*
What are your best achievements in life? My family and my company! *(Quelles sont les plus belles réalisations de votre vie ? Ma famille et mon entreprise !)*
We have achieved high profits this year. *(Nous avons réalisé de gros bénéfices cette année.)*

The company provides the managers with cell phones and laptops. *(L'entreprise fournit des téléphones portables et des ordinateurs portables à ses directeurs.)*
They have called the meeting at short notice: I can't go. *(Ils ont convoqué la réunion à la dernière minute. Je ne peux y aller.)*
We do our best to meet our clients' requirements/needs. *(Nous faisons notre possible pour répondre aux demandes/besoins de nos clients.)*

APPLICATION 1

Reliez le verbe et son complément :

1. achieve	a. a strategy
2. attend	b. an appointment
3. make	c. costs
4. reduce	d. a strategy
5. liaise with	e. clients' needs
6. take	f. a goal
7. plan	g. a meeting
8. handle	h. a suggestion
9. meet	i. my employees
10. implement	j. risks
11. fix	k. difficult matters

Reliez le verbe et son complément :

1. negotiate	a. the new sales manager
2. decide on	b. a market survey
3. check	c. questions
4. carry out	d. the board
5. provide	e. goods
6. manufacture	f. services
7. answer	g. problems
8. solve	h. the company's accounts
9. appoint	i. deals
10. report to	j. a project

APPLICATION 2

Complétez les phrases suivantes avec un de ces verbes :
call • do my best • attend • meet • report to • implement • make • take • achieve.

1. The new manager is very pleased. He has .... his goals.
2. I'll........... to improve *(améliorer)* the results.
3. The assistant must .... her director.
4. Mr Bryan .... the meeting at short notice.
5. The sales director is .... a new system.
6. We'll have to .... important measures.
7. The company has .... a profit.
8. We must .... our clients' needs.
9. 75 people .... the meeting.

GRAMMAIRE

LA PLACE DES ADVERBES

• *En anglais, on ne sépare pas le verbe de son complément ; les adverbes se placent donc* **après le complément**. *Attention tout particulièrement à* « very much », « (very) well », « a lot », « at all », *car leurs équivalents en français se placent après le verbe :*

He speaks Japanese very well. *(Il parle très bien japonais.)*
I don't like him at all. *(Je ne l'aime pas du tout.)*
Jean discusses with his staff a lot. *(Jean discute beaucoup avec son personnel.)*
I like my job very much. *(J'aime beaucoup mon travail.)*

• *Ils se placent* **après « be »** *:*

Mr Benco is never late. *(M. Benco n'est jamais en retard.)*
Sam was probably away on business. *(Sam était probablement en déplacement pour affaires.)*

• *Mais entre* **« will »** *et* **« be »** *:*

They will probably be in the office on time. *(Ils seront probablement au bureau à l'heure.)*

• *Les* ***adverbes de fréquence*** *:* always *(toujours),* never *(jamais),* rarely, seldom *(rarement),* hardly ever *(presque jamais),* usually *(habituellement),* sometimes *(quelquefois) se placent* ***avant le verbe****.*

He never signs contracts. *(Il ne signe jamais de contrats.)*

Steven usually meets the new clients. *(Steven reçoit généralement les nouveaux clients.)*

Avec un ***verbe composé****, ils se placent* ***après*** *l'auxiliaire :*

Sheila has rarely attended meetings. *(Sheila a rarement assisté à des réunions.)*

They can always work late. *(Ils peuvent toujours travailler tard.)*

The passport has probably been stolen. *(Le passeport a probablement été volé.)*

EXERCICE 1

Placez l'adverbe au bon endoit dans la phrase :

1. What time do you go for lunch? [usually]
2. He has worked in the same company. [always]
3. Mr Stunt gets angry. [hardly ever]
4. I address my employees on Monday. [usually]
5. Sam negotiates deals. [very well]
6. He doesn't do business with this company. [at all]
7. The account manager decides on projects. [never]
8. The employees like their job. [very much]
9. Mary has given me good advice. [rarely]
10. Our manager calls meetings on Mondays. [never]
11. He is satisfied with the situation. [always]
12. The clients will be visiting the company. [probably]
13. She typed the letter. [fast]

EXERCICE 2

Traduisez ces phrases :

1. Il n'est jamais content.
2. Elle parle très bien allemand.
3. La réunion a probablement été annulée.

4. Nous travaillons beaucoup avec les Japonais.
5. Ils ont beaucoup aimé la conférence.

« LEARNING THE ROPES »

• *Attention à ces faux amis (voir aussi Unit 29) :*
attend a meeting *(assister à une réunion)* mais *attendre* : wait for
achieve *(réaliser)* mais *achever* : **complete**
appoint *(nommer)* mais *appoint* : **exact change**

• **to tell someone:** *dire à quelqu'un* (**He told him.** *Il lui a dit.*) mais **to say something to someone (He said his name to the receptionist.)**

• **manage + nom** = *diriger*
He manages the company. *(Il dirige la société.)*
He runs the company = He manages the company. mais **He runs fast.** *(Il court vite.)*

• **manage + verbe** = *réussir à*
He managed to escape. *(Il réussit à s'échapper.)*

The tricks of the trade.
Les ficelles du métier.

UNIT 14

On the phone (1)
Au téléphone

PHRASES-CLÉS

• *Répondre*

Good morning, Coco&Co *(Bonjour, Coco&Co.) (Donner le nom de la société ou même son numéro de téléphone lorsque l'on décroche.)*
Who's speaking?/Who's calling? *(Qui est à l'appareil ?)*
Hello, is that Mary? *(Allô, êtes-vous Mary ?)*
What can I do for you? *(Que puis-je faire pour vous ?)*

• *Se présenter*

This is Mrs Lebrun/Annie speaking. *(C'est Mme Lebrun/C'est Annie.)*
I'm calling on behalf of... *(J'appelle de la part de...)*
I'm calling from Coco&Co. *(J'appelle de la société Coco&Co.)*
Peter Benco speaking. *(Peter Benco à l'appareil.)*
Hello, this is Mary. *(Allô, Marie à l'appareil.)*
Hello, this is Ben speaking. *(Allô, Ben à l'appareil.)*

• *Demander son interlocuteur*

Can/Could I speak to Brian please? *(Puis-je/Pourrais-je parler à Brian, s'il vous plaît ?)*
I'd like to speak to Brian, please. (GB)/Could I speak to Brian, please? (US) *(J'aimerais parler à Brian, s'il vous plaît.)*

Is Mrs Martin there, please? *(Est-ce que Mme Martin est là ?)*
Is John in? *(Est-ce que John est là ?)*
Could you put me through to someone in the Sales Department? *(Pourriez-vous me passer quelqu'un du service commercial ?)*

• *Motif de l'appel*
What is it about? *(C'est à quel sujet ?)*
I'm calling about our last meeting. *(J'appelle au sujet de notre dernière réunion.)*
May I ask the reason for your call? *(Quelle est la raison de votre appel ?/C'est à quel sujet ?)*

• *Mettre en attente*
One moment./Hold the line./Hold on./Just a moment. *(Ne quittez pas.)*
I'll see if he's in. *(Je vais voir s'il est là.)*
I'll get him for you. *(Je vais le chercher.)*
He'll be with you in a minute, will you hold? *(Il est à vous dans un instant, voulez-vous patienter ?)*
I'll call him/her. *(Je l'appelle.)*
I'll call you back./I'll get back to you in a minute. *(Je vous rappelle dans un instant.)*

• *Passer l'interlocuteur*
I'll put/I'm putting you through... *(Je vous passe...)* (GB)
I'll connect/I'm connecting you. *(Je vous passe...)* (US)
We are trying to connect you. *(Nous recherchons votre correspondant.)*
Here she is. *(Je vous la passe.)*

• *Remercier*
It was nice talking to you. *(Ce fut un plaisir de vous parler.)*
Thanks for calling. *(Merci de votre appel.)*

APPLICATION 1

Ajoutez les prépositions suivantes : **back, in, on, on, through, of, up**

1. Can he call me ....?
2. Could you ring Mrs Fadier ....?

3. I'm putting you ....
4. I'm calling ...... behalf .... Alexandra.
5. Please hold ....!
6. Is Mrs Ross ....?

APPLICATION 2

Complétez ce dialogue :

1. Good afternoon. Sundaysun. Can ....?
2. Good afternoon. May I .... the Sales Director, please?
3. .... calling, please?
4. This .... Mrs Harris of Supplies Co.
5. .... please. I'll .... you.

GRAMMAIRE

LE GÉRONDIF (verb + -ing)

- **sujet :**

Leaving a message isn't always easy.
Travelling abroad is expensive.

- **après une préposition :**

to be fond of, to be interested in, to give up *(renoncer à)*, to feel like *(avoir envie)*, to go on *(continuer)*, to be good at *(être bon en)*

I am good at translating.
He gave up smoking.
Paul is interested in learning Spanish.

Attention aux verbes suivants : look forward to *(avoir hâte de)*, be used to *(être habitué à)*, take to *(s'adonner à) :* « to » *étant une préposition, ils sont suivis d'un gérondif (et non d'un infinitif).*

I am looking forward to meeting you.
She is not used to speaking on the phone.
My cousin took to fishing.

- **après certains verbes :** stop, enjoy, finish, avoid *(éviter)*, dislike

I enjoy travelling.
He dislikes getting up early.

We usually avoid driving in traffic jams.

• **après certaines expressions :** I can't stand/I can't bear *(Je ne supporte pas)* - I don't mind *(Ça ne me dérange pas)* - It's no use *(Cela ne sert à rien)* - It is worth *(Cela vaut la peine)* - Would you mind... *(Cela ne vous dérange pas de...)*

I can't stand leaving messages on a voice mail.
It's no use calling now.
I don't mind waiting.
Would you mind repeating?

• *les verbes* « like », « love », « hate », « start », « begin », « continue », « prefer » *peuvent être suivis d'un gérondif ou d'un infinitif sans réel changement de sens :*

I like travelling./I like to travel.
It started raining./It started to rain.
I love dancing./I love to dance.
They prefer speaking to John./They prefer to speak to John.

EXERCICE 1

Traduisez les phrases suivantes :

1. Cela ne vous dérange pas de répéter ?
2. Il aime parler au téléphone pendant des heures.
3. Ça ne sert à rien de revenir demain.
4. Ça ne me dérange pas de le rappeler plus tard.
5. Il a arrêté de fumer.
6. Je ne supporte pas d'attendre des heures.
7. J'ai hâte de recevoir votre message.
8. Je n'ai pas l'habitude de parler anglais au téléphone.
9. J'évite d'appeler trop tôt le matin.

EXERCICE 2

Choisissez le bon verbe :

1. I have finished [translating/to translate] the letter.
2. Would you mind [to close/closing] the door?
3. I would like [playing tennis/to play tennis].
4. I'd prefer [taking/to take] a taxi.
5. I don't mind [to work/working] early.

« LEARNING THE ROPES »

• *Ne vous étonnez pas d'entendre la personne qui répond dire en premier le nom de sa société ou son numéro de téléphone.*

• *Attention de ne pas calquer le français. Dites :* « This is Mary » *et non* « I am Mary » *ou* « Here is Mary ».

• *Pour traduire « Je vous la passe », dites* « Here she is » *si la personne est près de vous. Sinon, utilisez les formules :* « I'll connect you » *ou* « I"ll put you through to her » *si elle est dans un autre bureau ou sur un autre poste.*

• *Téléphone portable :* mobile phone (GB) cell phone (US) *(abréviation de* « cellular »*)*

You can reach him on his cell phone/mobile phone. *(Vous pouvez le joindre sur son portable.)*

• *Chercher un numéro (dans l'annuaire) :* look up a number

I'll look up his number. *(Je cherche son numéro.)*

• *Numéros d'urgence* **(emergency numbers) :**

999 (GB)/911 (USA)

• **Don't forget : KISS (Keep It Short and Simple) :** *vos conversations téléphoniques doivent rester simples et courtes !*

• *Pour appeler un numéro à l'étranger :*

1. **international code** *(indicatif international)*
2. **country code** *(indicatif du pays)*
3. **area code** *(indicatif de la région ou de la ville)*
4. **telephone number.**

Don't beat about/around the bush.
Ne tourne(z) pas autour du pot.

UNIT 15

On the phone (2)

PHRASES CLÉS

• *Absent/pas disponible*

Mr Benco is not in. *(M. Benco n'est pas à son bureau/n'est pas là.)*

is not in his office. *(n'est pas dans son bureau.)*
is away. *(est en déplacement.)*
is away on business. *(est en déplacement professionnel.)*
is in a meeting. *(est en réunion.)*
is busy. *(est occupé.)*
is on another line. *(est en ligne.)*
has just left/has just gone out. *(vient de sortir/de s'absenter.)*

• *Demander quand il revient/sera disponible*

When will he be back? *(Quand sera-t-il de retour ?)*
Could you tell me when he will be back? *(Pourriez-vous me dire quand il sera de retour ?)*
Could you tell me when he will be available? *(Pourriez-vous me dire quand il sera disponible ?)*
When do you expect him back? *(Quand pensez-vous qu'il sera de retour ?)*
When will he be free? *(Quand sera-t-il libre ?)*

• *Dire quand il revient/sera disponible*

He won't be long. *(Il ne sera pas long.)*

She'll be back soon/at 5/next week. *(Elle sera de retour bientôt/à 5 heures/la semaine prochaine.)*
She should be back on Tuesday. *(Elle devrait être de retour mardi.)*
She said she'd be back in an hour. *(Elle a dit qu'elle serait de retour dans une heure.)*
She'll be free/available at 5. *(Elle sera libre/disponible à 5 heures.)*

• *Laisser/prendre un message*
Would you like to leave a message? *(Voulez-vous laisser un message ?)*
Can I take a message? *(Puis-je prendre un message ?)*
I'll let him know you have called. *(Je lui dirai que vous avez appelé.)*
Would you let him know that I called? *(Pourriez-vous lui faire savoir que j'ai appelé ?)*
I'll make sure he gets the message. *(Je veillerai à ce qu'il ait votre message.)*
I'll pass on the message. *(Je transmettrai le message.)*
I'll make a note of it. *(Je vais le noter.)*
Could you ask him to call me back when he gets in? *(Pourriez-vous lui demander de me rappeler quand il rentrera ?)*
I'll ask him to call you as soon as he is free. *(Je lui demanderai de vous rappeler dès qu'il sera libre.)*
***Attention** : Pas de futur après « when » et « as soon as » dans les subordonnées de temps : il faut mettre le présent.*

• *Messages à laisser sur la boîte vocale* (voice mail)
– Hi Paul, this is Corinne.
– This is just to let you know that...
– This is a message to let you know that...
– Can you call me back as soon as you get in?
– Could you give me a call when you get back?
– Just to say that...

• <u>*Vous entendez/Vous enregistrez :*</u>
« You have reached 0123456789. I'm not here for the moment. Please leave a message after the beep and I'll call you back/get back to you as soon as possible/as soon as I get in. »/« Please leave your name and number, I'll call you back as soon as I get in/back. »

APPLICATION 1

Complétez ce dialogue :

– Hello, Coco&Co.
– Hello! .... I speak .... Mrs Wells please?
– ....'s calling?
– This is Jason Freak.
– Hold .... I'll .... if she's ....
– Hello, I'm .... Mrs Wells is in a meeting at the ....
– When will she be ....?
– She said she 'd be .... at 6:30. Do you .... to .... a message?
– .... you let .... know I have called and .... her to call me?
– Yes, of course. I'll .... her the message and ask het to call. you as .... as she .... free.
– Thank you very much.
– You're ....

APPLICATION 2

Placez les phrases dans la colonne qui leur correspond :

She is in a meeting at the moment. • He should be back next week. • You have reached Mrs Sympson's office. • I'll make a note of it. • When will they be back? • I'll let him know you have called. • He is on another line. • They have just left the office. • They won't be long. • Can I take a message? • Can I leave a message? • Please speak after the beep. • When do you expect them back?

Not available	When available?	Leave a message	Take a message	Voice mail
....	....	....	....	....
....	....	....	....	....
....	....	....	....	....
....	....	....	....	....
....	....	....	....	....
....	....	....	....	....

GRAMMAIRE

MAY et MIGHT

• **may** *sert à exprimer :*

– *une demande de permission (plus polie que « can ») :*

May I come in? *(Puis-je entrer ?)*

– *la probabilité, l'éventualité :*

It may rain. *(Il se peut qu'il pleuve.)*

He may call later. *(Il se peut qu'il appelle plus tard.)*

• **may have + participe passé** *s'emploie pour exprimer une probabilité dans le passé :*

I wonder why Matt didn't come to the meeting. He may have been away on business. *(Il devait être en déplacement.)*

• **might** *exprime une probabilité moins forte que* « may » *(on peut remplacer par* « perhaps » *) :*

It might rain. *(Il se pourrait qu'il pleuve.)*

He might come. *(Il se pourrait qu'il vienne.)*

She might be having a meeting. *(Il se pourrait qu'elle soit en réunion.)*

• **might** *peut aussi exprimer une possibilité soumise à une condition :*

If I earned more money, I might buy a new car. *(Si je gagnais plus d'argent, il se pourrait que j'achète une nouvelle voiture.)*

• **might have + participe passé** *s'emploie pour exprimer la possibilité d'un fait situé dans le passé (aurait pu...)*

You arrived late, you might have missed her. *(Tu es arrivé tard, tu aurais pu la rater.)*

EXERCICE 1

Récrivez les phrases en utilisant **may** *ou* **might** *:*

1. Perhaps he'll call.
2. Fortunately he didn't break the plate.
3. Perhaps John knew more about it.
4. She didn't answer the phone. Perhaps she was busy.
5. She will probably stay in London.

EXERCICE 2

Traduisez les phrases suivantes :

1. Il se peut qu'il vienne à 8 heures.
2. Il se pourrait qu'elle reste à Londres.
3. Il a dû rater son train.
4. Il se peut qu'il pleuve.
5. Vous auriez pu la rencontrer.

« LEARNING THE ROPES »

• *On utilise* « I'm sorry » *ou* « I'm afraid » *pour exprimer ou annoncer quelque chose de négatif :*

I'm sorry she isn't in at the moment.
I'm afraid he won't be back before Friday.

• *Il n'est pas très poli de répondre* « Yes » *tout court. Dites plutôt :* « Yes, certainly » *ou* « Yes, of course ».

Let's get down to business.
Passons aux choses sérieuses.

UNIT 16

On the phone (3)

PHRASES-CLÉS

- *Problèmes de langue*

I don't speak English very well. *(Je ne parle pas très bien anglais.)*
Could you speak more slowly? *(Pourriez-vous parler plus lentement, s'il vous plaît ?)*

- *Problèmes de ligne*

We have been cut off. *(Nous avons été coupés.)*
The line is engaged (GB)/busy (US). *(La ligne est occupée.)*
The line is out of order./I can't get through./The line is dead. *(La ligne ne fonctionne pas.)*
We have a crossed line. *(Il y a quelqu'un d'autre sur la ligne.)*
I can't get through to 0123456789. *(Je n'arrive pas à joindre le 0123456789.)*
We have/It is a bad connection./The line is very bad. *(La ligne est mauvaise.)*

- *Problèmes de numéro*

Miss Jones is no longer at that number; she is on extension 2120. *(Mlle Jones n'est plus à ce numéro, elle est au poste 2120.)*
Could you check the number? *(Pourriez-vous vérifier le numéro ?)*
There is no one/nobody by this name/of that name in the company. *(Il n'y a personne de ce nom dans la société.)*

I'm sorry the number has changed, could you check with Directory Assistance? *(Désolé[e], le numéro a changé, pourriez-vous vérifier avec les renseignements ?)*
The number you have dialled has changed. *(Le numéro de votre correspondant a changé.)*
Are you sure you have the right number? *(Êtes-vous sûr[e] d'avoir le bon numéro ?)*
This is the wrong number. *(Ce n'est pas le bon numéro.)*

• *Problèmes de temps*

I've been waiting for 15 minutes. *(J'attends depuis 15 minutes.)*
I can't hold any longer. *(Je ne peux plus attendre/patienter.)*

• *Correspondant injoignable*

He is on another line. *(Il est en ligne.)*
There is no reply. Would you like to try again? *(Cela ne répond pas. Voulez-vous rappeler plus tard ?)*
I have someone on the other line. *(J'ai quelqu'un en ligne.)*
She is busy at the moment. Would you mind calling her back later? *(Elle est occupée pour le moment ; voudriez-vous la rappeler plus tard ?)*
I am in a meeting. *(Je suis en réunion.)*
Please don't disturb me. *(Ne me dérangez pas, s'il vous plaît.)*

• *Autres problèmes*

My battery is low, we are going to be cut off. *(Ma batterie est faible, nous allons être coupés.)*
Don't hang up! *(Ne raccrochez pas !)*
Don't cut off! *(Ne coupez pas !)*
I can't hear you, could you speak up/louder? *(Je ne vous entends pas, pourriez-vous parler plus fort ?)*
I didn't get your name, could you spell it please? *(Je n'ai pas compris votre nom, pourriez-vous l'épeler ?)*
Can you repeat please? *(Pouvez-vous répéter, s'il vous plaît ?)*
I can't hear you very well. *(Je vous entends mal.)*

APPLICATION 1

Comment diriez-vous que :

1. Vous avez été coupé : — I .....

2. Ça ne répond pas :
3. La ligne ne fonctionne pas :
4. Vous n'avez pas bien compris :
5. Vous avez fait un mauvais numéro :
6. Vous êtes déjà en ligne :
7. La ligne est mauvaise :
8. Votre batterie est faible, vous risquez d'être coupé :
9. Vous entendez très mal :
10. Vous n'arrivez pas à joindre Steven :

APPLICATION 2

Traduisez les phrases suivantes :
1. Ce n'est pas le bon numéro.
2. Je ne peux plus attendre.
3. La ligne est occupée.
4. Ça ne répond pas.
5. Je ne vous entends pas bien.

GRAMMAIRE

MANY, MUCH, (A) FEW, (A) LITTLE

• *Pour traduire* ***beaucoup de****, on utilise* **many + dénombrable** *(ce que l'on peut compter) ou* **much + indénombrable** *(ce que l'on ne peut pas compter) :*

MANY	MUCH
many hours	much time
many coins/banknotes/bills	much money
many bottles of wine	much wine
many cups of tea	much tea
many people	much work

Many *et* **much** *s'emploient surtout aux formes interrogative et négative (à la forme affirmative, utilisez* **a lot of**, **lots of**, **plenty of***) :*

Did you spend much money?
Did you see many people?

• **un peu de**, **quelques** *se traduisent par* **a few** *ou* **a little** *(qui suivent les mêmes règles que « many » et « much »):*

I have a few friends in London.
We have a little time before the meeting.

• **peu de** *se traduit par* **few + dénombrable** *ou* **little + indénombrable** :

Few participants attended the meeting.
Hurry up! We have little time before it starts.

EXERCICE 1

Complétez avec **many** *ou* **much** *:*

1. There isn't .... space available.
2. We don't have .... good friends here.
3. I haven't bought .... presents from China.
4. I never drink .... milk.
5. We haven't seen .... people there.

Ajoutez **a little/little/a few/few** *:*

1. Can I have .... wine, please?
2. We can't spend too much; we have .... money.
3. She visited Ireland .... times.
4. He has just arrived in the company; he has .... friends.

EXERCICE 2

Traduisez les phrases suivantes :

1. Nous n'avons pas dépensé beaucoup d'argent.
2. Il n'a dit que quelques mots.
3. Nous avons un peu de temps.
4. Il y a peu de voitures dans notre parking (parking lot).
5. Avez-vous beaucoup de cousins à New York ?

« LEARNING THE ROPES »

• *Lorsque vous répondez au téléphone, le ton est très important : il doit être aimable et même enjoué. La première impression que votre interlocuteur a de vous dépend de la façon dont vous répondez puisqu'il ne peut vous voir.*

• *Lorsque vous n'avez pas compris et souhaitez que la personne répète, évitez de dire :* « Repeat, please. » *Dites plutôt :* « What did you say? »

• *Le SMS («* text message *») est un moyen rapide de communication : il est pratique, discret et peut être silencieux. Il a contribué à créer un nouveau langage.*
• *On peut utiliser des «* smileys *», que vous connaissez, ainsi que des abréviations. En voici quelques-unes :*
b = be
bbfn = bye-bye for now
b4 = before
brb = be right back
c = see
cu / cya = see you
cul8r = see you later
d8 = date
4 = for, four
4ever = forever
f2t= free to talk
fyi = for your information
imo = in my opinion
l8, l8r = late, later
msg = message
pls = please
r = are
ruok = are you ok?
tlk = talk
thnq = thank you
ur = you are
x = kiss
2day = today
2nite = tonight
2morrow = tomorrow

Time will tell.
Le temps nous le dira.

UNIT 17

Business trips
Voyages d'affaires

Voir également :
At the reception (Unit 2)
Booking a hotel room (Unit 18)
At the restaurant (Unit 19)
Small talk (Unit 20)

PHRASES CLÉS

• *Sujets généraux*

Are you here on business? *(Êtes-vous ici pour affaires ?)*
I am looking forward to meeting you. *(J'ai hâte/Dans l'attente de vous rencontrer.)*
Have you been waiting long? *(Vous attendez depuis longtemps ?)*
Where are you staying? *(Où résidez-vous ?)*
We are scheduled to leave after the meeting. *(Il est prévu que nous partions après la réunion.)*
He suffers from jetlag. *(Il supporte mal le décalage horaire.)*
Francis will meet you at the airport. *(Francis viendra vous chercher à l'aéroport.)*

• *Transports*

How was your flight?/Did you have a nice flight/trip? *(Avez-vous fait bon voyage ?)*
Is there a business class? *(Y a-t-il une classe affaires ?)*

Is there a bus from Florence to Rome, please? *(Y a-t-il un bus de Florence à Rome, s'il vous plaît ?)*
A taxi will collect you/pick you up at 8 a.m. and drop you off at the airport. *(Un taxi passera vous prendre à 8 heures et vous déposera à l'aéroport.)*
You'll have to change trains at Victoria station. *(Il vous faudra changer de train à la gare Victoria.)*
It will take about one hour to go to London. *(Il faudra environ une heure pour aller à Londres.)*
You will probably have to make a stopover. *(Il vous faudra probablement faire une escale.)*
Do you have/Have you got your return/round trip ticket? *(Est-ce que tu as/vous avez ton/votre billet de retour ?)*
The train is scheduled for 5/due at 5/due to arrive at 5. *(Le train est prévu à 5 heures.)*
I've just missed the train. *(Je viens de rater le train.)*
What is the fare for Manchester? *(Quel est le prix du voyage pour Manchester ?)*
Take the subway at Grand Central Station and get off at 5th Avenue. *(Prenez le métro à GCS et descendez à Fifth Avenue.)*
I always travel business class. *(Je voyage toujours en classe affaires.)*

• Location de voiture

I'd like to hire a car, with fully comprehensive insurance and a free/unlimited mileage. *(J'aimerais louer une voiture, avec assurance tous risques et kilométrage illimité.)*
I'd like to pick it up at the airport. *(J'aimerais la prendre à l'aéroport.)*
Are free mileage and insurance included? *(Est-ce que le kilométrage et l'assurance sont compris ?)*
How much does it cost per day/per week? *(Quel est le tarif par jour/par semaine ?)*
It takes unleaded petrol (GB)/gas (US), regular or super. *(Il faut mettre du sans plomb, normal ou super.)*
Can I return the car in Manchester? *(Puis-je rendre la voiture à Manchester ?)*

You will have a drop-off charge. *(Vous devrez payer un supplément [si vous rendez la voiture dans une autre ville].)*

APPLICATION 1

Remettez les mots dans le bon ordre pour obtenir des phrases complètes :

1. have • did • nice • a • you • flight • ?
2. to • counter • the • check-in • go.
3. will • the • as • take off • plane • scheduled.
4. here • long • staying • you • how • are • ?
5. like • to • book • three • tickets • we • return • would.
6. your • please • seat • fasten • belts.
7. what • let • your • time • arrives • train • me • know.
8. Paul • at • the • will • you • airport • meet.
9. forward • all • looking • are • we • you • meeting • to.
10. buy • your • ticket • forget • to • return • don't.

APPLICATION 2

Choisissez le bon mot pour compléter ces phrases :

1. My assistant is in charge of the travel ....
   a) times b) arrangements c) hours
2. Don't .... too late, you could miss your flight.
   a) pack b) call c) check in
3. The train is .... at 6:30.
   a) scheduled b) planned c) left
4. Try not to exceed the bagage ....
   a) weight b) allowance c) capacity
5. Your flight is direct, you won't have any ....
   a) stops b) take off c) connections

GRAMMAIRE

LE DOUBLE COMPARATIF

Le double comparatif sert à exprimer la **progression** *:*

- ***de plus en plus*** *:*

  avec un nom : more and more restaurants, more and more work *avec un adjectif :* older and older, more and more comfortable, better and better

- ***de moins en moins*** :

avec un nom : less and less work, fewer and fewer customers (fewer + *nom pluriel*)

avec un adjectif : less and less difficult.

EXERCICE 1

Traduisez les phrases suivantes :

1. Les voyages sont de plus en plus courts.
2. Et les prix sont de moins en moins chers.
3. Les passagers voyagent avec de moins en moins de valises.
4. Il a de moins en moins de temps pour voyager.
5. De plus en plus de gens parlent anglais.

EXERCICE 2

Complétez avec un double comparatif (de plus en plus) :

1. He worked too much; he was........... and .... (tired).
2. Your English is getting .... and .... (good).
3. The weather is getting .... and .... (bad).
4. There are .... and .... (people) in the store.
5. It is becoming .... and .... (difficult).

« LEARNING THE ROPES »

- *Le* **jetlag** *est la fatigue due au décalage horaire, à ne pas confondre avec* **time difference** *ou* **time zone**, *décalage horaire entre une ville et une autre.*
- **Fare**: *prix (tarif) d'un billet de train, d'avion, de bateau, de bus et prix d'une course en taxi :*

  What's the fare?
- *Pour traduire le mot* ***bagage*** *:*

– **luggage** *représente les bagages en général :*

How much luggage have you got?/do you have?

(Aux États-Unis, luggage est remplacé par **baggage** – baggage claim, *réception des bagages à l'aéroport.)*

– ***valise*** *se traduit par* « suitcase », « bag » *ou* « a piece of luggage » *:*

I have two pieces of luggage. *(J'ai deux valises.)*

• **Schedule**: *programme, planning, horaire [la première syllabe est prononcée « ché » (GB) ou « ské » (US)].*

His schedule is tight. *(Son emploi du temps est serré.)*

Timetable: *emploi du temps (scolaire), horaire (train, avion, bus).*

Have a free hand.
Avoir carte blanche.

UNIT 18

Booking a hotel room
Réserver une chambre d'hôtel

PHRASES CLÉS

• *Réservation*

Do you have/Have you got (GB) any rooms available/free for next week? *(Avez-vous des chambres disponibles pour la semaine prochaine ?)*

I'd like to book a double room with bath. *(J'aimerais réserver une chambre double avec salle de bains.)*

I'd like a single room with bath for the nights of January 10th and 11th. *(Je voudrais une chambre simple avec salle de bains pour les 10 et 11 janvier.)*

Sorry but I have to cancel the reservation for Mrs Jamisson. *(Désolé[e], mais je dois annuler la réservation de Mme Jamisson.)*

• *Prix*

We have booked a room/We have a reservation for two nights. *(Nous avons réservé pour deux nuits.)*

What are your rates? *(Quels sont vos tarifs ?)*

Can you tell me the price? *(Pourriez-vous m'indiquer le prix ?)*

How much is it per night? *(Quel est le prix pour une nuit ?)*

Is there a discount/reduction for... *(Accordez-vous une réduction pour... ?)*

How would you like to pay? *(Comment voulez-vous payer ?)*

Can you leave a deposit? *(Pouvez-vous verser des arrhes ?)*
We offer corporate rates/prices. *(Nous offrons des prix pour les sociétés.)*
Do you do special prices for groups? *(Avez-vous un tarif de groupe ?)*

- *Durée*

How long will you be staying? *(Combien de temps resterez-vous ?)*
I'll put you on the waiting list. *(Je vous mets sur liste d'attente.)*
I'd like to stay an extra night. *(J'aimerais rester une nuit supplémentaire.)*
What time is breakfast served? *(À quelle heure servez-vous le petit déjeuner ?)*
What time do we have to check out? *(À quelle heure devons-nous libérer la chambre ?)*

- *Identité*

What name is the booking in? *(À quel nom est la réservation ?)*
The booking is in the name of... *(La réservation est au nom de...)*
In what name please ? *(À quel nom, s'il vous plaît ?)*

- *Sujets généraux*

Do you need confirmation? *(Voulez-vous une confirmation ?)*
I'll send a fax to confirm the reservation. *(Je vous envoie un fax pour confirmer la réservation.)*
Do you have a checkroom ? *(Avez-vous une consigne à bagages ?)*
Sorry we don't have any vacancies. *(Désolé[e], nous n'avons plus de chambres libres.)*

APPLICATION 1

Complétez les phrases avec les mots suivants :
available • check out • fill in • double room • facilities • front desk • vacancies • included • bath • get • book • registration form.

1. I would like to .... two rooms in your hotel.
2. You'll have to .... before 12.
3. Could you please .... this ....?
4. Is breakfast ....?
5. We would like a .... with ....
6. Do you have rooms .... for the end of June?
7. Does your hotel provide .... for children?
8. Go to the .... to check in.
9. How can we .... to your hotel?
10. We are sorry; there are no .... for tonight.

APPLICATION 2

Trouvez dans la grille le synonyme des mots suivants :
bagage • booking • price • reserve • free • reduction

```
F     D
A V A I L A B L E
R     S       U
E     C       G
    B O O K   G
      U       A
      N       G
      T  R E S E R V A T I O N
```

GRAMMAIRE

LES PRONOMS PERSONNELS SUJETS ET COMPLÉMENTS

Pronoms personnels sujets	Pronoms personnels compléments
I	me
you	you
he/she/it	him/her/it
we	us
you	you
they	them

Les pronoms personnels compléments se placent ***après le verbe*** *en anglais (avant en français) :*

I have given them the key. *(Je leur ai donné la clé.)*
We'll send you a fax as soon as possible. *(Nous vous enverrons un fax dès que possible.)*

Ils se placent ***entre le verbe et sa postposition*** *s'il y en a une :*

We'll pick her up at 6. *(On ira la chercher à 6 heures.)*
I like your glasses. Put them on. *(J'aime tes lunettes. Mets-les.)*

EXERCICE 1

Transformez ces phrases en utilisant les pronoms personnels :

1. Please can you fill in this registration form.
2. Could you pick up Fred at the airport?
3. I like working with my new colleagues.
4. It's cold outside, put your coat on.
5. I met Jennifer outside the restaurant.
6. I'm sorry I'll have to push back the date.

EXERCICE 2

Traduisez les phrases suivantes :

1. Mets-le.
2. Je la lui ai donnée. (en parlant d'une clé)
3. Je travaillerai avec eux.
4. Retire-les.
5. Note-le.
6. Réveille-la.

« LEARNING THE ROPES »

• *Par superstition, il n'y a pas de 13e étage dans les hôtels aux États-Unis, ni de chambre n° 13.*

• *Contrairement à ce qui se pratique en France, les hôtels américains proposent très fréquemment des tarifs préférentiels en fin de semaine. Par ailleurs, tout se négocie, notamment les prix des chambres d'hôtel, et personne ne se formalisera si vous demandez une réduction.*

• *Ne soyez pas étonné qu'à la réception des hôtels aux États-Unis on vous demande quelle taille de lit vous souhaitez :* « king size » *(très grand lit d'environ 1,80 m de largeur) ou* « queen size » *(environ 1,60 m) !*

By word of mouth.
De bouche à oreille.

UNIT 19

At the restaurant
Au restaurant

PHRASES CLÉS

• *Inviter*

I'd like to take you out to dinner. *(J'aimerais vous inviter à dîner.)*

Let's have lunch. *(Allons déjeuner.)*

Shall we have lunch now? *(Si on allait déjeuner maintenant ?)*

Are you free for dinner tonight? *(Êtes-vous libre à dîner ce soir ?)*

Would you like to join us for dinner? *(Voulez-vous dîner avec nous ?)*

Can we have lunch together? *(Pouvons-nous déjeuner ensemble ?)*

• *Réservation*

I'd like/I want to book a table for this evening at 8. *(J'aimerais réserver une table pour ce soir 8 heures.)*

I'd like to book a table in the name of... *(J'aimerais réserver une table au nom de...)*

We have a reservation. *(Nous avons réservé.)*

Sorry, we're full up/booked/booked out. *(Désolé[e], c'est complet.)*

We'll have a free table at 9. *(Nous aurons une table à 9 heures.)*

You don't need a reservation. *(Vous n'avez pas besoin de réserver.)*
Can you give us a quiet table? *(Pourriez-vous nous donner une table dans un coin tranquille ?)*

• *Nom/Nombre*

What's the name please?/ In what name ? *(À quel nom ?)*
In the name of/My name is NoteIJohn. *(Au nom de Noteljohn.)*
For how many people? *(Pour combien de personnes ?)*
It's for 5/a party of 5 (US)/for 5 people. *(C'est pour 5 personnes.)*

• *Passer la commande*

We would like to order, please. Where is the maître d'? *(Nous aimerions commander. Où est le maître d'hôtel ?)*
Excuse me, can we order? *(Excusez-moi, pouvons-nous commander ?)*
I like all sort of food. *(J'aime toutes sortes de nourritures.)*
What are your specialties? *(Quelles sont vos spécialités ?)*
Do you have vegetarian food/dishes? *(Avez-vous des plats végétariens ?)*
Mr Paul is on a special diet. *(M. Paul suit un régime spécial.)*
Shall we take the set menu (fixed price) or à la carte ? *(On prend le menu ou la carte ?)*
What kind of food do you serve/have? (Quel genre de nourriture servez-vous ?)
I think I'll have/get the chicken. *(Je pense que je vais prendre le poulet.)*
How would you like your steak? Rare, medium or well-done? *(Comment voulez-vous votre steak ? Saignant, à point ou bien cuit ?)*
Please ask the wine waiter if he can recommend a good Californian wine in the wine list. *(Pouvez-vous demander au sommelier de nous recommander un bon vin californien dans la liste des vins ?)*

• *Régler*

Waiter, could you bring the check (GB)/bill (US), please? *(Garçon, pouvez-vous nous apporter l'addition, s'il vous plaît ?)*

Is service included? *(Le service est-il compris ?)*

We must leave a tip. *(Nous devons laisser un pourboire.)*

I'll get this. *(C'est pour moi.)*

This is on me. *(Je vous invite.)*

Do you take credit cards? *(Prenez-vous les cartes de crédit ?)*

APPLICATION 1

Reliez les mots de la colonne de gauche à ceux de la colonne de droite :

1. serve	a. a toast
2. recommend	b. Italian food
3. book	c. the bill
4. make	d. the waitress
5. bring	e. excellent food
6. call	f. a table
7. pay	g. a restaurant
8. like	h. us
9. have	i. French cuisine
10. join	j. dinner
11. order	k. the menu

APPLICATION 2

Comment diriez vous que :

1. Vous voulez réserver une table pour cinq à 20 heures.
2. Vous voulez l'inviter à déjeuner.
3. Vous voudriez commander.
4. Vous souhaitez voir la carte des vins.
5. Vous prendrez la soupe de légumes *(vegetable soup).*
6. Vous voulez l'addition.
7. C'est vous qui payez.

GRAMMAIRE

LES PRONOMS RELATIFS WHO, THAT, WHICH *(qui)*, WHOSE *(dont)*

- **who/that** *avec pour antécédent une* ***personne*** *:*

– *sujet* (who/that)

The woman who/that made the reservation doesn't speak English. *(La femme qui a fait la réservation ne parle pas anglais.)*

– *complément* (who(m)/that/omission)

The client who(m)/that/Ø I had dinner with lives in London. *(Le client avec lequel j'ai dîné habite à Londres.)*

- **which/that** *avec pour antécédent une* ***chose*** *ou un* ***animal*** *:*

– *sujet*

The restaurant which serves seafood is over there. *(Le restaurant qui sert des fruits de mer est par là.)*

– *complément*

The restaurant (which) I prefer is too expensive. *(Le restaurant que je préfère est trop cher.)*

- **whose** *pour traduire* ***dont*** *:*

I recommend this restaurant whose terrace is pleasant and whose chef is outstanding. *(Je recommande ce restaurant dont la terrasse est agréable et dont le chef est remarquable.)*

EXERCICE 1

Choisissez le bon pronom relatif :

1. The waitress [whom/who] served us was French.
2. The food [Ø/whose] we had was excellent.
3. The restaurant [which/whose] owner I know is Italian.
4. My client [that/which] I invited to dinner will come back soon.
5. The reservation [who/Ø] we made was not confirmed.

EXERCICE 2

Traduisez les phrases suivantes :

1. Le vin que vous avez recommandé était très bon.
2. Les gens que j'avais invités n'ont pas pu venir.

3. Le restaurant qui est au coin de la rue est cher.
4. J'ai rencontré quelqu'un dont le fils habite à Londres.
5. Le menu que je préfère est celui-ci.

« LEARNING THE ROPES »

• *Il est d'usage d'attendre que la serveuse vous attribue une table. Un panneau indique :* « Please wait to be seated. »

• *Aux États-Unis et en Angleterre, le service n'est pas compris. Pensez à laisser un pourboire équivalant à 10 à 15 % de l'addition.*

• *Pour traduire « Bon appétit », il n'y a pas de formule toute faite. On dira simplement :* « Have a good meal » *ou* « Enjoy your meal/dinner/lunch ».

• « All you can eat » *est un type de restauration répandu aux États-Unis : vous payez un prix fixe et vous vous servez au buffet autant que vous voulez... Le résultat est facilement visible !*

Sit on the fence.
Ménager la chèvre et le chou.

UNIT 20

Small talk
Conversations informelles

Le « small talk » *ou* « social talk », *ce sont ces conversations que l'on a avec des interlocuteurs anglo-saxons en dehors des réunions ou négociations, et qui permettent de construire de meilleures relations professionnelles. Elles aident à mieux se connaître et donc à mieux se comprendre. Des bonnes relations personnelles créent de meilleures relations de travail. Le plus difficile est de parler de sujets divers, en anglais, avec des personnes que l'on ne connaît souvent pas très bien.*
Ces expressions peuvent être aussi considérées comme des « ice-breakers » (*briseurs de glace*) ! *Évitez tout de même de parler de religion et de politique.*
Voici de quoi vous aider à vous en sortir ! Make friends now...

PHRASES CLÉS

• Trip
How was your flight/trip?
Did you have a nice/good trip/flight?
Do you travel much for your job?

• English
When did you study/learn French/English?
How long have you studied it?

- Visit

Have you been here before?
Is this your first time in New York?
Is this your first visit to London?
How long are you staying?
How long are you here for?
Are you enjoying your stay?
Do you know London at all?
Have you lived in the States?
When did you get here?
Weather
What's the weather like in your country now?
How's the weather over there?
Did you have a nice weather in...?

- Country

Where are you from?
Where in England are you from?
Where exactly do you come from?
What is Manchester like?
When did you move to London?
How long have you lived there?

- Family

Are you married? *est une question trop directe. Préférez :*
Did your wife/husband come with you?
Do you have any children?
How old are they?
Are they sudents?
What are they studying?
Where do you live?

- Food/Hotel

Do you enjoy the restaurants here?
What would you like to eat?
Would you enjoy a good Chinese/Japanese restaurant?
Do you like French wines?
Could you suggest a good Californian wine?
Which hotel are you staying at?
Where are you staying?

Is your hotel all right?

• Job/business

What exactly do you do?
What sort of work do you do?
What line of business are you in?
What department are you in?
Who do you work for?

• Recent events

Did you read about ..... in the newspaper today? *(date précise)*
Have you heard the news? (général)
Have you read/heard about the .....?
How do you feel about .....?
What do you think of.....?

• Interest/hobbies (sports, holidays, music, books, films)

Do you enjoy a good game of tennis/golf?
Are you into tennis/golf?
Have you been away on holiday/vacation recently/lately?
Where have you been?
Are you going away this summer?
What kind of music do you like?
Do you like jazz?
Do you enjoy reading?
What sort of books do you read/like?
Have you read Paul Auster's latest book?
What do you do in your free time?
What are your feelings on...?

GRAMMAIRE

LA FORMATION DES NOMS

On peut former des noms par dérivation ou par composition.

• *La* ***dérivation*** *: on ajoute au mot un* ***préfixe*** *ou un* ***suffixe*** *:*

nom + suffixe	brotherhood, backache, friendship, mouthful
adjectif + suffixe	generality, nationality, carefulness, modernism, freedom
verbe + suffixe	trainer, departure, approval, employer, management, breakage
préfixe + nom	overtime, inability, uncertainty

- ***La composition :*** *pour former des noms composés*

verbe + -ing + nom	living-room, sleeping-pill, washing-machine, swimming-pool
verbe + nom	breakfast, pickpocket
verbe + postposition	hold up,take off, breakthrough
nom + nom	teacup, weekend, book-shelf, armchair
nom + verbe	sunset, sunrise, daybreak, earthquake
nom + verbe + -ing	stamp-collecting, mountain-climbing, film-making, story-telling
nom + verbe + -er	dishwasher, goalkeeper, taxidriver
adverbe + nom	lateriser, underproduction
préposition + nom	outcast, outlaw
adjectif + nom	gentleman, blackboard

EXERCICE 1

Formez des noms à partir de ces verbes (il peut y en avoir plusieurs) :
apply • refuse • enroll • imagine • create • improve • appear • know • press • bring up • reduce • exclaim • propose • train • manage • employ • renew.

EXERCICE 2

Reliez ces éléments pour former des noms :

1. news	a. room
2. black	b. case
3. pencil	c. set
4. suit	d. riser
5. sun	e. production
6. over	f. paper
7. early	g. board
8. bus	h. case
9. waiting	i. driver

« LEARNING THE ROPES »

• *Si l'on n'a pas bien compris son interlocuteur, on peut lui demander de répéter en utilisant une de ces formules :* « Sorry? », « Pardon me? » *(GB) ou* « Excuse me » *(US),* « Sorry, what did you say? ».

• *Aux États-Unis, religion et vie sociale (associations, écoles, activités sportives...) sont très liées. Ne soyez pas surpris qu'on vous demande quelle est votre religion.*

• *De même, les questions d'argent n'étant pas taboues, on vous demandera facilement combien vous gagnez.*

Take my word.
Croyez-moi sur parole.

UNIT 21

The company
L'entreprise

VOCABULAIRE

Service du personnel	Personnel Department
Ressources humaines	Human Resources Department
Service financier, comptabilité	Finance/Account Department
Service juridique	Legal Department
Service commercial	Commercial/Sales Department
Service publicité	Advertising Department
Service formation	Training Department
Service études et recherche	Research and Development Department
Service entretien	Maintenance Department
Service expéditions	Shipping Department
Archives	Record Department
Service contentieux	Claims Department

PHRASES CLÉS

- *Nom*

Société : company, firm, business, enterprise, corporation.

Benco is a family company. *(Benco est une société familiale.)*
He is currently working in a sportswear firm. *(Il travaille à présent dans une société de vêtements de sports.)*

- *Description*

This is the organigram/organization chart of our company showing how we are structured/organised. *(Voici l'organigramme de notre société indiquant notre structure.)*
The company is divided/split into three departments/divisions. *(La société/l'entreprise est divisée en trois services.)*
New models of organization have been implemented in the late 90's. *(De nouveaux modèles d'organisation ont été mis en place à la fin des années 1990.)*
The company operates in various sectors. *(L'entreprise a des activités dans divers secteurs.)*

- *Statuts*

Momart is a small or medium-sized enterprise (SME). *(Momart est une petite ou moyenne entreprise - PME.)*
Private Limited company/Ltd(GB)/Limited liability company (US): *SARL (Société à responsabilité limitée)*
Public Limited company (PLC) (GB)/Incorporated (Inc.)/ Listed company (US): *SA (société anonyme)*
shareholders (GB)/stockholders (US): *actionnaires*

- *Création et développement*

The company was founded/set up/created in 1989. *(La société a été créée en 1989.)*
Then it merged with a Belgian company. *(Puis elle a fusionné avec une société belge.)*
He is ready to take risks, he started up his own company. *(Il est prêt à prendre des risques, il a créé sa propre compagnie.)*
We now specialize in textile. *(Nous sommes à présent spécialisés dans le textile.)*

But we need to branch out into clothing. *(Mais nous devons étendre notre activité à la confection.)*
We have subsidiaries and branches in America and Asia. *(Nous avons des filiales et des succursales en Amérique et en Asie.)*

- *Lieux*

Our company is based/located/situated in Paris. *(Notre société se trouve/est basée à Paris.)*
It is a Swiss company whose head office is in Geneva. *(C'est une société suisse dont le siège social est à Genève.)*
Mr Bright's company ranks among the world's ten leading companies. *(L'entreprise de M. Bright figure parmi les dix premières mondiales.)*
Our premises are big, modern and comfortable. *(Nos locaux sont grands, modernes et confortables.)*

- *Taille*

There are 350 members of staff. *(Nous avons un personnel de 350 personnes.)*
Last year, our turnover was 15 millio**n** *(sans « s »)* euros. *(Notre chiffre d'affaires de l'année dernière était de 15 millions d'euros.)*

APPLICATION 1

Reliez le mot à sa définition :

1. premises	a. place
2. merger	b. manage
3. takeover	c. buildings which are part of a business
4. head office	d. the main office where the managers work
5. run	e. someone who holds a senior position
6. executive	f. get control of a company
7. location	g. joining two companies to form only one

APPLICATION 2

Vous devez présenter et décrire votre société. Utilisez les élément suivants :

1. siège social : Madrid
2. basée à Washington
3. filiales : Paris- Francfort
4. création : 1995
5. fusion avec société japonaise : 2000
6. 5 services
7. P-DG : M. Wilson
8. chiffre d'affaires : 22 millions d'euros
9. effectif : 110

GRAMMAIRE

EXPRIMER LE BUT, L'INTENTION

On exprime le but en utilisant :

- **l'infinitif** :

  He moved to New York to set up his company. *(Il s'installa à New York pour créer sa société.)*

- **in order to** :

  The chairman went to Japan in order to discuss the merger. *(Le président alla au Japon afin de discuter de la fusion.)*

- **for + nom** :

  He moved to New York for business. *(Il s'installa à New York pour affaires.)*

- **so that** *(afin de)* **+ présent** *(pour parler de l'avenir)* :

  She works part time so that she can take care of her child. *(Elle travaille à mi-temps afin de pouvoir s'occuper de son enfant.)*

  I'll write it down so that I don't forget it. *(Je vais le noter pour ne pas l'oublier.)*

- **so that + would/could** *(pour une action passée)* :

  He moved to New York so that he would set up his company. *(Il s'installa à New York afin de créer sa société.)*

EXERCICE 1

Complétez ces phrases :

1. The chairman opened the door so that we .... come in.
2. The junior executive came to me .... advice.
3. The personnel manager will place an ad so that he .... a new assistant.
4. We left the office earlier so that we .... go to the cinema.
5. I met the manager in order to .... the new strategy.
6. John arrived earlier for his .... with his manager.

EXERCICE 2

Complétez ces phrases :

1. She hurried up so that ....
2. I'll lend you some money so that ....
3. He is taking some English lessons so that ....
4. We'll move to London ....
5. I slept early so that ....

« LEARNING THE ROPES »

• *Le rapport au travail des Américains est bien différent de celui des Européens. Pour eux, le succès est à la portée de tous : il suffit de mettre en valeur ses mérites personnels et de travailler dur, d'où l'expression :* « be a workaholic » *(être un drogué du travail). Aussi ont-ils bien du mal à comprendre notre système des 35 heures et nos incessantes grèves...*

• *La* « corporate image » *(image de marque) est l'image que la société donne à l'extérieur, comment elle veut être comprise et perçue. La* « corporate culture » *(culture d'entreprise) traduit sa politique de management, ses valeurs internes.*

• *Pour traduire le mot « collègue », on peut dire* « colleague » *ou* « co-worker » *(le premier terme est plus formel que le second).*

a colleague from work *(un collègue de bureau)*

• AGM = annual general meeting (*assemblée générale annuelle*).

Jump to conclusions.
Tirer des conclusions hâtives.

UNIT 22

The staff
Le personnel

PHRASES CLÉS

• *Titres et fonctions*

Chairman (GB)/President (US): *président*
Managing Director (GB)/CEO, Chief Executive Officer (US)/Senior Vice-President (US): *directeur général*
Manager (GB)/Director (US) : *directeur*
Finance Director: *directeur financier*
Deputy Finance Manager: *directeur financier-adjoint*
Sales Director: *directeur commercial/des ventes*
Purchasing Manager: *directeur des achats*
Production Manager: *directeur de production*
Human Resources Director (HRD)/Personnel Manager: *directeur des ressources humaines (DRH)*
Public Relations Manager/Communications Manager: *directeur de la communication*
Marketing Manager: *directeur du marketing*
Head of Legal Department: *directeur du service juridique/contentieux*
Chief/Head Accountant: *chef comptable*
Chartered Accountant (GB)/Certified Accountant (US): *expert-comptable*
General Secretary/Company Secretary: *secrétaire général*
Cost Controller: *directeur de gestion*

Export Manager: *directeur du service export*
Receptionist: *hôtesse d'accueil*
Sales Representatives: *représentants*
Auditor: *commissaire aux comptes*

• *Effectif*

We have a workforce of 125. *(Nos effectifs sont de 125 personnes.)*
There are 54 members of staff employees in the company. *(La société est composée de 54 salariés.)*
We employ 250 people worldwide.
We have 30 employees in our head office. *(Notre siège social comprend 30 salariés.)*
The department is headed by James Minor. *(Le service est dirigé par James Minor.)*

• *Responsabilités*

The company is headed by the CEO/Managing director. *(La société est dirigée par le P-DG.)*
Coleen Front manages 35 people. *(Coleen Front dirige 35 personnes.)*
The Chairman is accountable for his decisions. *(Le président est responsable de ses décisions.)*
This post/position involves considerable responsibilities/tasks/duties. *(Ce poste comporte d'importantes responsabilités.)*
Who's in charge? *(Qui est le responsable ?)*
Chantal Caussout is assisted by Carole. *(Chantal Caussout est secondée par Carole.)*
Tyrone Paviot is in charge of the product launch. *(Tyrone Paviot s'occupe du lancement du produit.)*
Benjamin Darcou is responsible for the Powerpoint presentations worlwide. *(Benjamin Darcou est responsable des présentations Powerpoint dans le monde.)*
The public relations manager deals with the media. *(Le directeur des relations publiques traite avec les médias.)*
I am involved in different projects. *(Je suis impliqué[e] dans divers projets.)*

I take care of all the business trips. *(Je m'occupe de tous les voyages d'affaires.)*
I work for Coco&Co. *(Je travaille chez/à Coco&co.)*
I work in the Personnel department. *(Je travaille dans le service du personnel.)*
I work with John, an English manager. *(Je travaille avec John, un directeur anglais.)*
I am working on a new project. *(Je travaille sur un nouveau projet.)*

APPLICATION 1

Remplacez les titres français par des titres anglais :

1. Président
2. Directeur général
3. Directeur financier
4. Directeur des ressources humaines
5. Directeur marketing
6. Responsable des ventes
7. Chef comptable
8. Directeur de la formation

APPLICATION 2

Reliez le titre et ses fonctions :

1. Managing Director	a. I handle secretarial duties
2. Marketing Manager	b. I receive visitors
3. Human Resources Director	c. I am at the top of the com pany
4. Receptionist	d. I'm responsible for sales
5. Personal assistant	e. I recruit people, I choose the trainings

GRAMMAIRE

ADJECTIFS + PRÉPOSITIONS

Certains adjectifs sont suivis d'une préposition qui introduit leur complément :

about: angry, serious (about sthg)
at: good, bad, shocked, surprised (*aussi* surprised by)

for: responsible, ready, sorry
from: different, separate, absent
in: interested, dressed, involved *(impliqué)*
of: afraid, aware *(conscient)*, ashamed *(honteux)*, tired, jealous
on: keen, dependent
to: nice, kind
with: pleased, satisfied, happy, disappointed (with something)

EXERCICE 1

Ajoutez la bonne préposition :

1. Peter was disappointed ...... the proposal.
2. I'm not responsible ...... the delay.
3. He is always interested ...... his job.
4. Mr Simpson is very different ...... Mr Black.
5. We must be aware ...... the difficulties.
6. Helen came to the meeting dressed ...... black.
7. We are all sorry ...... the bad results.
8. The Human Resources Director was not satisfied ...... the new candidates.
9. She's good ...... repairing computers.
10. I am pleased ...... my new job.
11. Patrick was serious ...... hiring more people.
12. We were all surprised ....../...... the news.
13. He was so nice ...... me.
14. Don't be afraid ...... the dog.
15. Jack is dependent ...... his manager's decision.
16. I am keen ...... TV.

EXERCICE 2

Traduisez les phrases suivantes :

1. Nous sommes conscients des difficultés.
2. Peter est jaloux de ma promotion.
3. Le patron [*boss*] est satisfait de notre travail.
4. Il est bon en comptabilité [*accountancy*].
5. Cette société est vraiment très différente de l'autre.

6. Il a été impliqué dans la fusion.
7. Le directeur est gentil avec les nouveaux employés.

« LEARNING THE ROPES »

• *Aux États-Unis, on rencontre quelques différences dans le vocabulaire des titres hiérarchiques : la* « company » *peut s'appeler* « corporation », *le* « Chairman » *devient* « President », *le* « Managing Director » *« Senior Vice-President » et tous les* « Directors » *seront des « Vice Presidents »...*

• *Les Américains ont besoin d'établir un espace physique plus grand que les Français. En conséquence, ils n'aiment pas qu'on les touche, ni être trop près les uns des autres.*

• *Le but des réunions aux États-Unis est de prendre une décision* (make a decision) *ou d'arriver à un accord* (reach an agreement), *à l'inverse de nombreuses réunions en France, où ce qui importe est d'avoir l'avis des participants sur un ou plusieurs sujets ; ce qui implique qu'il est nécessaire d'organiser plusieurs réunions pour prendre une décision...*

You can't have it both ways/
You can't have the cake and eat it.
On ne peut avoir le beurre et l'argent du beurre.

UNIT 23

Curriculum vitae/Résumé

PHRASES CLÉS

• Education, degrees *(Études, diplômes)*

I am a graduate of the University of Bordeaux/I graduated from Bordeaux. *(Je suis diplômé de l'université de Bordeaux.)*

I majored in Computer Science.

I have an engineering degree. *(J'ai un diplôme en ingénierie.)*

• Work/Job experience *(Expérience professionnelle)*

I have a strong experience/I am experienced in management.

I served as a project manager. *(J'ai été employé comme directeur de projet.)*

I acquired a broad experience. *(J'ai acquis une grande expérience.)*

I am skilled in developing management techniques. *(Je suis compétent pour...)*

My objective/aim is to use my negotiating experience. *(Mon but est d'utiliser mon expérience en négociation.)*

I have completed/done several training periods in foreign countries. *(J'ai suivi plusieurs stages de formation à l'étranger.)*

• Languages *(Langues)*

I speak English fluently. *(Je parle anglais couramment.)*

I am able to converse comfortably in German. *(Je suis capable de soutenir une conversation en allemand.)*

- Interests *(Centres d'intérêt)*

I did volonteer work at the community center. *(J'ai fait du bénévolat au Centre communautaire.)*
I am familiar with most computer systems. *(Je maîtrise la plupart des systèmes informatiques.)*

APPLICATION 1

Remplissez votre propre CV :

CURRICULUM VITAE
Name
Address
Telephone
Email
Date of birth
Marital status
Nationality
OBJECTIVE
EDUCATION
INTERNSHIPS/TRAININGS
WORK EXPERIENCE
SKILLS
LANGUAGES
ACTIVITIES AND INTERESTS

APPLICATION 2

Ajoutez la préposition manquante :

1. He graduated ...... management.
2. She is highly skilled ...... international communication.
3. They majored ...... UCLA.
4. I am familiar ...... this software.
5. I am a graduate ...... the university of London.

GRAMMAIRE

LE PRÉTÉRIT ET LE PRESENT PERFECT (PASSÉ COMPOSÉ)

- *Le **prétérit** est utilisé pour relater une action passée,* *révolue, sans lien avec le présent et datée. On l'utilise obligatoirement avec* **ago**, **last...**, **in** + ***date passée*** :

I found this job two months ago.
Last Monday, I met the Human Resources Manager.
I graduated in 1999.

• *Le* present perfect (have/has + *participe passé) sert à décrire une action qui a commencé dans le passé et qui a des effets dans le présent. Il est utilisé avec* **lately, so far** *(jusqu'à présent),* **not yet** *(pas encore),* **ever** *(jamais),* **just**.

Have you ever worked in London?
I haven't written the application letter yet.
I have worked too much; I am tired.
Peter has just left. *(Peter vient de partir.)*

Le present perfect *s'utilise avec* **for** *et* **since** *(depuis). (Alors qu'en français on emploie le présent !)*

for = durée
for 2 days/for 5 minutes/for a long time.
since = point de départ de l'action
since November/since 10 o'clock/since Christmas/since yesterday/since I travelled.

Dans ces cas-là, il est plus courant d'utiliser le present perfect continu (have/has + been + verb + -ing) *qui insiste plus sur le déroulement de l'action (pas de forme continue avec* « know », « like », *etc.)* :

I have been working here for 3 years. *(Je travaille ici depuis trois ans.)*
She has been typing since this morning. *(Elle tape depuis ce matin.)*
We have known Sam since last year. *(Nous connaissons Sam depuis l'année dernière.)*

EXERCICE 1

Mettez le verbe entre crochets au prétérit ou au present perfect :

1. He [graduate] from New York University.
2. I [graduate] from NYU in 2001.
3. John Philips [get] his diploma last year.

4. He [work] never in a big company.
5. He [work] in this advertising agency for 2 years.
6. We [receive] your CV.
7. We [receive] your CV last week.
8. I [be] in this meeting since 10 o'clock.
9. Mr Sherman [be] a Marketing Director in this company for quite a long time.
10. She [study] literature when she was in London.

EXERCICE 2

Traduisez les phrases suivantes :
1. Nous l'avons embauché (hire) l'année dernière.
2. Il travaille ici depuis trois ans, depuis 2003.
3. Avez-vous reçu notre réponse?
4. Elle n'a pas encore tapé la lettre.
5. Désolée, Jane vient de sortir.

« LEARNING THE ROPES »

• *Salaires : les* **wages** *sont habituellement payés par semaine, les* **salaries** *au mois. Quant aux* **fees**, *ce sont des honoraires pour des consultants, par exemple.*

• *N'utilisez pas* « hobbies » *dans votre CV (qui évoque l'amateurisme !) : préférez* « interests » *ou* « outside activities ».

• *Il est courant d'inclure des références dans un CV en anglais. Les* « referees » *(personnes citées) peuvent être vos professeurs, des employeurs ou des notabilités (prêtre, maire, ...).*

• *stage :* training period (GB)/internship (US)

• *intérimaires :* temporary employees *(« temps » en abrégé)*

• *Diplômes :*

A level (GB) = (French secondary school diploma): *baccalauréat*

BA = Bachelor of Arts/Bachelor's Degree: *licence*

BSc = Bachelor of Science: *licence de sciences*

MA = Master of Art (GB)/Master's Degree (US): *maîtrise*
PhD: *doctorat de 3e cycle*
MBA = Master of Business Administration: *maîtrise de gestion*

Attention : CV = résumé = *curriculum vitae (préférez* « résumé » *aux USA)*
un résumé : a summary (to sum up a text: *résumer un texte)*
to resume: *reprendre* (to resume work: *reprendre le travail)*

Work one's way up.
Gravir les échelons.

UNIT 24

Application/Cover letter
Lettre de candidature/ de motivation

PHRASES CLÉS

- *Postuler*

Dear Sirs, *(Madame, Monsieur,)*
Dear Sir, *(Monsieur,)*
I am looking for/I am seeking a position as personal assistant. *(Je recherche un emploi d'assistante.)*
I would like/I wish to apply for the position/post as advertised in... *(Je vous adresse ma candidature suite à l'annonce parue dans...)*
With reference to your advertisement, I would like to apply for the job as... *(Suite à votre annonce, je voudrais postuler...)*
I am writing to apply for any position you may have. *(Je vous adresse ma candidature pour un poste éventuel.)*
I am currently employed by Coco&Co. *(Je travaille actuellement pour Coco&Co.)*

- *Emploi actuel/précédent*

My current duties include designing and implementing strategies. *(Je m'occupe actuellement de la conception et de la mise en place de stratégies.)*
My duties/responsibilities included.../I was in charge of.../ I was involved in... *(J'avais la charge de.../J'exerçais les responsabilités suivantes...)*

- *Qualités/compétences*

As an experienced Export Manager, I have been working for Textile & Co for 6 years. *(Directeur des exportations confirmé, je travaille chez Textile & Co depuis 6 ans.)*
I think/feel I have the necessary qualities for the position of Sales Director. *(Je pense posséder les qualités requises pour le poste de directeur des ventes.)*
I think that my experience would be useful/beneficial to your company. *(Je pense que mon expérience serait utile/profitable pour votre société.)*
I feel/think my abilities might be an asset for your company. *(Je pense que mes compétences pourraient être un avantage pour votre société.)*
I have a great experience as... in... *(Je possède une vaste expérience en tant que... dans le domaine de...)*
I enjoy working with people at all levels. *(J'aime travailler avec les gens à tous les niveaux.)*
I am highly motivated and like to work under pressure. *(Je suis extrêmement motivé[e] et aime travailler sous la pression.)*
I enjoy team work. *(J'aime le travail d'équipe.)*
I would like to broaden/widen my knowledge/experience. *(J'aimerais approfondir/élargir mes connaissances/mon expérience.)*
As you can see from my CV, I have gained/acquired a broad/some experience in publishing. *(Comme vous pouvez le constater, j'ai acquis une grande/certaine expérience dans l'édition.)*

- *Diplômes/études/qualifications*

I graduaded from Ohio College with the degree in Marketing. *(J'ai fait mes études à l'université de l'Ohio où j'ai obtenu mon diplôme de marketing.)*
I graduaded from Ohio College with the diploma of...

- *Langues parlées*

I speak fluent English and Spanish. *(Je parle couramment anglais et espagnol.)*

I speak English and German fluently. *(Je parle anglais et allemand couramment.)*

• *Pièces jointes*

Please find enclosed my CV. *(Veuillez trouver ci-joint mon CV.)*
I enclose a copy of my CV.
I attach my résumé/CV.

• *Disponibilité*

I am available for an interview at your convenience. *(Je suis disponible pour un entretien à votre convenance.)*
I am available to take up the post. *(Je suis disponible pour le poste.)*
I would be happy to provide any further information. *(Je serais heureux[se] de vous donner tout renseignement complémentaire.)*

• *Références*

Mr Johnson of Paros Corp will be happy to supply references for me.
Please find enclosed a copy of a testimonial provided by my employer. *(Veuillez trouver ci-joint la lettre de référence de mon employeur.)*

• *Formules de politesse*

I remain at your disposal for any vacancy corresponding to my skills. *(Je suis à votre disposition pour toute offre correspondant à mes compétences.)*
I look forward to receiving your answer/reply/to hearing from you./I hope to hear from you soon. *(Dans l'attente de votre réponse/Dans l'attente de vous lire...)*
Hoping for a favourable reply, *(Dans l'attente d'une réponse favorable,...)*
Yours faithfully. *(Je vous prie d'agréer, monsieur, l'expression de ma considération distinguée.)*

APPLICATION 1

Mettez ces phrases dans le bon ordre pour constituer une lettre de candidature cohérente et logique (numérotez-les de 1 à 10) :

• I have a strong sense of organization and I enjoy working in a team.
• I am sure my qualifications will be of interest to you.
• As I am single, I am ready to commit myself to my work.
• I look forward to hearing from you soon.
• I am writing in response to your advertisement for a junior secretary.
• I have the usual secretarial skills and I am familiar with most computer systems.
• Sincerely yours.
• I am fluent in English.
• I worked at Secretary systems for two years.
• Dear Mr Dwight,

APPLICATION 2

Rédigez votre propre lettre de motivation : vous postulez pour le poste de..., exposez vos expériences professionnelles, vos compétences, dites que vous joignez votre CV et que vous êtes disponible pour un entretien.

GRAMMAIRE

QUESTION TAGS

Pour traduire ***n'est-ce pas ?***, ***vraiment ?***, *les Anglais utilisent les* « question tags ».
Phrase affirmative : tag *négatif*
Phrase négative : tag *affirmatif.*
Le sujet est repris par un pronom personnel. Veillez à employer le bon auxiliaire.

Jane **is** American, **isn't** she?
John **isn't** working, **is** he?
You **work** in an office, **don't** you?
Mary **doesn't** smoke, **does** she?
The Wilsons **met** the new assistant, **didn't** they?
They **didn't** know her, **did** they?

EXERCICE 1

Complétez les phrases avec un des question tags *de la colonne de droite (une réponse possible par phrase) :*

1. You enjoy managing teams,	a. isn't it?
2. You have worked in an international company,	b. didn't they?
3. You are 34,	c. do you?
4. You can be relocated,	d. will you?
5. You don't speak Spanish,	e. wouldn't you,
6. You would like this position,	f. hadn't you,
7. You aren't familiar with software,	g. don't you?
8. You haven't met the HRD yet,	h. aren't you?
9. You can't be available immediately,	i. were you?
10. You will accept responsibilities,	j. haven't you?
11. You won't deal with customers,	k. can you?
12. Your duties included organising directly meetings,	l. won't you?
13. You were involved in a team,	m. can't you?
14. You weren't used to implementing strategies,	n. are you?
15. Your name's Jason Meister,	o. mustn't you?
16. You must take the test first,	p. have you?
17. You'd better fill in the form before,	q. weren't you?

EXERCICE 2

Traduisez les phrases suivantes :

1. Matt est en retard, n'est-ce pas ?
2. Les directeurs ne viendront pas, n'est-ce pas ?
3. Ava a pu nous aider, n'est-ce pas ?
4. Maria sait parler espagnol, n'est-ce pas ?
5. Heny est arrivé hier soir, n'est-ce pas ?

« LEARNING THE ROPES »

• *En France, il est d'usage que la lettre de candidature soit manuscrite (à des fins de tests graphologiques). Dans les pays anglo-saxons, au contraire, il est préférable que votre lettre soit dactylographiée pour plus de lisibilité.*

• *Aux États-Unis, les CV ne comportent ni photo, ni mention du sexe, de l'âge, de la nationalité pour éviter toute discrimination. Si la personne a un prénom d'origine étrangère difficile à identifier, on peut donc ne pas savoir s'il s'agit d'un homme ou d'une femme jusqu'au moment de l'entretien. Les candidats ne sont choisis que sur leurs compétences et leur expérience professionnelle.*

• *Salaire : il n'existe pas de treizième mois dans les pays anglo-saxons, mais des primes (*« bonus »*) qui, selon les échelons, peuvent être importantes. Les employés ont des* « luncheon vouchers » *(*GB)*/*« meal tickets » (US) (tickets repas), *et parfois une* « company car » *(voiture de fonction).*

Make ends meet.
Joindre les deux bouts.

UNIT 25

Human relationships
Relations humaines

PHRASES CLÉS

- *Qualités*

No matter what she tells him, Matt never loses his temper. *(Quoi qu'elle lui dise, Matt ne se met jamais en colère.)*
Christopher behaves well towards his colleagues. *(Christopher se comporte bien envers ses collègues.)*
I always put my confidence in the people I work with. *(J'ai toujours confiance dans les gens avec lesquels je travaille.)*
Sarah is considerate towards her new colleagues. *(Sarah est attentionnée envers ses nouveaux collègues.)*
Tyrone Paviot is friendly and cheerful. *(Tyrone Paviot est amical/gentil et joyeux.)*
Denis is respectful of the rules and respectful towards his employees. *(Denis est respectueux des règles et respectueux envers ses employés.)*
I get on well with him. *(Je m'entends bien avec lui.)*
Benjamin and Johanna get on really well with each other. *(Benjamin et Johanna s'entendent vraiment bien.)*
I'm happy; the new Personnel Manager is open-minded. *(Je suis content[e], le nouveau directeur du personnel a l'esprit large.)*

We are on good terms with our German counterparts. *(Nous sommes en bons termes avec nos homologues allemands.)*

Allison makes friends easily. *(Allison se fait facilement des amis.)*

Jessica is sensitive and sensible. *(Jessica est sensible et raisonnable/sensée.)*

Our new PA is trustworthy and reliable. You can easily rely on her for confidential matters. *(Notre nouvelle assistante est honnête et digne de confiance. On peut facilement compter sur elle sur les sujets confidentiels.)*

- *Défauts*

Mr Bradford is totally inconsiderate towards Janet. *(M. Bradford manque complètement d'égards envers Janet.)*

They are always arguing. *(Ils se disputent tout le temps.)*

It is rude to stare at people the way you do. *(C'est impoli de dévisager les gens comme tu le fais.)*

Don't brag! *(Ne te vante pas !)*

It was careless of John to forget the contract. *(C'était négligent de la part de John d'oublier le contrat.)*

He is too selfish to work in a team. He can also be quite envious of his successful colleagues. *(Il est trop égoïste pour travailler en équipe. Il peut être également très envieux de ses collègues qui réussissent.)*

His voice is getting on my nerves! *(Sa voix me tape sur les nerfs !)*

You have been dishonest. *(Tu as été déloyal/de mauvaise foi.)*

Their foreign customers are really narrow-minded. *(Leurs clients étrangers ont vraiment l'esprit étroit.)*

They won't take you seriously if you lose your temper so often; you are bad-tempered. *(Ils ne te prendront pas au sérieux si tu te mets si souvent en colère ; tu as mauvais caractère.)*

Because he speaks three languages, Elliot looks down on us. *(Parce qu'il parle trois langues, Elliot nous regarde de haut.)*

APPLICATION 1

Donnez le contraire des adjectifs suivants :

trustworthy • bad-tempered • well-behaved • honest • shy • considerate • harsh • modest • friendly • pleasant • satisfied • sincere • narrow-minded.

APPLICATION 2

Complétez avec l'adjectif qui convient :

1. I trust my colleagues: they are ....
2. I rely on them: they are ....
3. The new manager has good manners: he is ....
4. He gets angry easily: he is ....
5. He envies his close friends: he is ....
6. He works hard; he is ....
7. She doesn't want to work hard; she is ....
8. He always arrives at work on time; he is ....

APPLICATION 3

Cette grille contient 16 adjectifs. Retrouvez-les :

H	A	R	D	W	O	R	K	I	N	G
S	F	E	H	S	I	F	L	E	S	L
E	L	Y	P	P	A	H	H	T	T	A
N	E	P	R	O	U	D	O	E	A	U
S	X	Y	E	A	S	Y	N	N	C	T
I	I	H	D	O	O	G	E	S	T	C
B	B	S	F	F	I	C	S	E	F	N
L	L	A	N	G	R	Y	T	T	U	U
E	E	L	A	Z	Y	I	E	N	L	P

Les 9 lettres restantes vous donneront un autre adjectif :

_ _ _ _ _ _ _ _ _

GRAMMAIRE

LES COMPOSÉS DE *EVER*

Whatever, **whichever**, **whoever**, **whenever**, **wherever** *traduisent « quoi que que ce soit », « quel qu'il soit », « quiconque », « n'importe quand », « où que ce soit » :*

Whatever he says, don't trust him *(Quoi qu'il dise, ne lui fais pas confiance.)*

You can tell them whatever you want. *(Tu peux leur dire tout ce que tu veux.)*

Here are the samples, choose whichever you need. *(Voici les échantillons, prends celui dont tu as besoin.)*

Whoever is tired can take a break. *(Ceux qui se sentent fatigués peuvent faire une pause/Quiconque se sent....)*

We'll talk to him whenever he is free. *(Nous lui parlerons quand il sera libre.)*

Wherever you go, you find English-speaking people. *(Où que tu ailles, tu trouves des gens qui parlent anglais.)*

EXERCICE 1

Traduisez les phrases suivantes :

1. Vous ne pouvez pas faire ce que vous voulez ici.
2. Il y a plusieurs livres sur l'étagère *(shelf)*, prenez celui que vous voulez.
3. Celui qui a faim peut se servir.
4. Où que je sois, je me sens chez moi.
5. Venez quand vous pouvez.

EXERCICE 2

Complétez avec **whatever**, **whichever**, **whoever**, **whenever**, **wherever** *:*

1. .... day the meeting takes place, we'll attend it.
2. I'll like to visit you .... I want.
3. Can we go ....we want?
4. .... you are, I won't open the door!
5. .... John says, it's always interesting.

« LEARNING THE ROPES »

• *Attention : ne confondez pas* **sympathiser**, *qui se dit* « **get on well** » *ou* « **hit it off** » *(familier), avec le verbe anglais* « **sympathize** », *qui signifie* **compatir**.

• *Quand sympathie signifie amitié, on emploie* « like » *(J'ai de la sympathie pour Hervé :* I like Hervé.*)*

• sympathy: *compassion*

• sympathetic: *compatissant*

• *sympathique :* nice, friendly, likeable

• *antipathique :* unpleasant

• *On ne le dira jamais assez : dans les entreprises américaines, les rapports se bornent au travail. Même s'il souhaite parler en privé à son assistante, le directeur le fera la porte ouverte. Il évitera les compliments personnels tels que* « That's a really nice dress » *(C'est une belle robe) ou* « Oh! You have a new haircut. » *(Vous avez une nouvelle coupe de cheveux). Ces remarques (somme toute naturelles en France) seront considérées comme sexistes,* « non PC » (politically correct)... *et se termineront par une plainte. Motif : mon directeur me juge sur mon apparence et non sur mes compétences professionnelles ; cela me met mal à l'aise d'être considérée comme un objet sexuel* (sex object) *!*

• *Le système juridique* « no win no fee » *en vigueur aux États-Unis a contribué à ces égarements. Le client ne paie les honoraires que si l'avocat gagne, ce qui explique le nombre si important d'affaires civiles où les demandes de dommages et intérêts sont très élevées. Il est regrettable qu'à cause de la* « political correctness », *les rapports humains vrais et sincères soient devenus impossibles à l'intérieur de l'entreprise !*

That's wishful thinking.
C'est prendre ses désirs pour des réalités.

UNIT 26

Transport
Les transports

PHRASES CLÉS

Our company ships goods worlwide. *(Notre société expédie des marchandises partout dans le monde.)*

The goods have been dispatched. *(Les marchandises ont été expédiées.)*

We make all the necessary arrangements for the delivery. *(Nous organisons la livraison.)*

Can you ship the goods carriage paid? *(Pouvez-vous expédier les marchandises franco de port ?)*

Shipping/Consignment will be made by Dec. 10th at the latest. *(L'expédition se fera au plus tard le 10 décembre.)*

The forwarding agent will pick up the consignment directly from your warehouse. *(Le transitaire prendra la marchandise directement à votre entrepôt.)*

The container must leave the warehouse on Sept. 4th. *(Le conteneur doit quitter l'entrepôt le 4 septembre.)*

The fire caused a lot of damage. *(Le feu a causé beaucoup de dégâts.)*

The loss was serious. *(La perte a été sérieuse.)*

The container has been transported by road on lorries (GB)/ trucks (US) and then loaded on a ship. *(Le conteneur a été transporté par la route par camions, puis chargé sur un bateau.)*

The goods should reach you by the end of the week. *(Les marchandises devraient vous parvenir avant la fin de la semaine.)*
The shipment hasn't arrived yet. *(Le chargement n'est pas encore arrivé.)*
Could you confirm the name of the consignee? *(Pouvez-vous confirmer le nom du destinataire ?)*
Air freight has increased since Sept. 11th. *(Le prix du fret aérien a augmenté depuis le 11 septembre.)*
The trailer will not be unloaded before tomorrow. *(La remorque ne sera pas déchargée avant demain.)*
Loading can take a few hours. *(Le chargement peut prendre quelques heures.)*
The consignment must meet the safety standards. *(L'expédition doit satisfaire les normes de sécurité.)*
The goods are expected to arrive on Feb. 14th. *(Les marchandises doivent arriver le 14 février.)*
It's too bulky. *(C'est trop encombrant.)*

• *Quelques abbréviations*

CR: at company's risks *(aux risques et périls de l'expéditeur)*
OR: at owner's risks *(aux risques et périls du destinataire)*
CWO: cash with order *(payable à la commande)*
COD: cash on delivery *(payable à la livraison)*
CIF: cost, insurance and freight *(CAF : coût, assurance, fret).*

APPLICATION 1

Cette grille contient la traduction en anglais des mots suivants :

1. expédition
2. dégâts
3. chargement
4. conteneur
5. camion
6. destinataire
7. livraison
8. cargaison, fret
9. encombrant

10. perte
11. marchandises
12. routier
13. remorque
14. chemin de fer.

Les 14 lettres restantes (déjà dans l'ordre) vous donneront un mot américain thème de cette unité.

T	R	C	O	N	T	A	I	N	E	R	D
C	O	N	S	I	G	N	M	E	N	T	A
L	C	O	N	S	I	G	N	E	E	F	M
O	A	R	A	I	L	L	O	S	S	R	A
A	K	N	G	O	O	D	S	S	P	E	G
D	C	O	R	T	B	U	L	K	Y	I	E
I	U	A	T	R	A	I	L	E	R	G	T
N	R	D	E	L	I	V	E	R	Y	H	I
G	T	T	R	U	C	K	E	R	O	T	N

APPLICATION 2

Chassez l'intrus :

1. dispatch • consign • collect
2. costs • brokers •expenses
3. truck • highway • lorry
4. road • sea • load
5. anyway • highway • motorway
6. loss • cargo • freight

GRAMMAIRE

LE CAS POSSESSIF

Le cas possessif s'utilise pour des personnes, des collectivités (company, class) *et des groupes* (team).

- **possesseur singulier + 's + possédé**
  the manager's office *(le bureau du directeur)*
- **possesseur pluriel en s +' + possédé**
  the managers' office *(le bureau des directeurs)*
- **possesseur pluriel sans s + 's + possédé**
  the children's room *(la chambre des enfants)*

Attention à l'ordre des mots !

- *Il est possible de ne pas répéter le nom de l'objet possédé :*
  It isn't my diary; it's Sarah's. *(Ce n'est pas mon agenda ; c'est celui de Sarah.)*
- *Le cas possessif ne peut s'utiliser avec des objets. On dit :* « the top of the building ».
- Il s'utilise avec **today**, **tomorrow**, **tonight**, **last year** :
  today's meeting *(la réunion d'aujourd'hui)*
  tomorrow's interview *(l'entretien de demain)*
- *On peut l'utiliser également avec une* **durée** *:*
  a week's delay *(un retard d'une semaine)*
  a ten minutes' walk *(une marche de dix minutes)*

EXERCICE 1

Traduisez :

1. le journal de demain
2. le travail de l'équipe
3. la politique de l'entreprise
4. l'assistante du président
5. la réunion d'hier
6. trois semaines de retard
7. l'ordinateur de Jason
8. le bureau de l'avocat
9. cinq minutes d'attente
10. le voyage de la semaine prochaine

EXERCICE 2

Placez l'apostrophe (') *et le* « s » *à la bonne place si le cas possessif peut s'appliquer. Sinon, utilisez la forme avec* « of » *(ajoutez l'article* « the »).

1. Paul and Joe apartment

2. today newspaper
3. beginning film
4. Pamela birthday
5. his friends car
6. end meeting

« LEARNING THE ROPES »

• transport (GB)/transportation (US).

• expect: *s'attendre à quelque chose*
wait: *attendre quelque chose ou quelqu'un*

• *Pour exprimer un délai, utiliser* « by » *ou* « before » (by 10: *avant/d'ici 10 heures* - by Nov. 3rd: *avant/d'ici le 3 novembre)*

• to ship: *expédier* ***(par bateau à l'origine)***

• shipment: *expédition*

• ***Attention à la traduction du mot « voyage » :***
travel, trip, voyage *(par mer)*
journey *(voyage d'un point à un autre, trajet)*
package tour *(voyage organisé).*

Have other fish to fry.
Avoir d'autres chats à fouetter.

UNIT 27

Orders
Commandes

PHRASES CLÉS

- *Catalogues, tarifs*

Could you please send us your catalogue and price-list? *(Veuillez nous envoyer votre catalogue et vos tarifs.)*
Do your prices include VAT? *(Vos prix incluent-ils la TVA ?)*
Could you grant us a 5% discount? *(Pourriez-vous nous accorder une remise de 5% ?)*
We usually grant a discount for bulk orders. *(Nous accordons habituellement une remise pour les commandes en grosse quantité.)*
Are the prices still valid? *(Les prix sont-ils toujours en vigueur ?)*
Send us your invoice by return of mail. *(Envoyez-nous votre facture par retour du courrier.)*

- *Livraisons*

How long would/will it take you to deliver?/How long will delivery take?
What is your delivery time? *(Quels sont vos délais de livraison ?)*
Of course, our prices don't include delivery. *(Bien sûr, nos prix ne comprennent pas la livraison.)*
Your order will be shipped as soon as possible. *(Votre commande sera expédiée dès que possible.)*

We are sorry to inform you that we are unable to deliver your goods for the moment. *(Nous sommes au regret de vous informer que nous ne sommes pas en mesure de livrer vos marchandises pour le moment.)*

We are surprised not to have received our order. *(Nous sommes étonnés de ne pas avoir reçu notre commande.)*

• *Commandes, échantillons*

Please send us an order form. *(Veuillez nous adresser un bon de commande.)*

We would like to confirm your order of April 30th. *(Nous aimerions confirmer votre commande du 30 avril.)*

We would be pleased to send you some samples. *(Nous serions heureux de vous envoyer des échantillons.)*

All our products carry a guarantee of one year. *(Tous nos produits bénéficient d'une garantie d'un an.)*

Please note the following modification to our order. *(Veuillez noter la modification suivante à notre commande.)*

• *Problèmes*

We have received the goods but some items are missing. *(Nous avons reçu la marchandise, mais il manque quelques articles.)*

The quantities received do not correspond to our order. *(Les quantités reçues ne correspondent pas à notre commande.)*

Please return the damaged items to us, we will replace them immediately. *(Veuillez nous renvoyer les articles défectueux et nous vous les remplacerons immédiatement.)*

We have received a lot of complaints concerning this product. *(Nous avons reçu beaucoup de plaintes au sujet de ce produit.)*

We are sorry to inform you that the article is out of stock/not available. *(Nous avons le regret de vous informer que l'article est en rupture de stock/n'est pas disponible.)*

We are sorry to inform you that we are cancelling our order n°.... *(Nous avons le regret de vous informer que nous annulons notre commande n°...)*

• *Quelques abréviations*

COD: cash on delivery *(règlement à la livraison, livraison contre remboursement)*

VAT: value added tax *(TVA : taxe à la valeur ajoutée)*

APPLICATION 1

Lisez les définitions et complétez la grille :

1. Three letters which mean *livraison contre remboursement*
2. You pay ..... or charge?
3. not expensive
4. opposite of « confirm »
5. Please ..... your order in writing
6. *port payé* = ... paid
7. We received a ..... about the bad quality of the goods.
8. Could you please send me your two c..... and price list?

C . . 1

C . . . 2

C 3

C 4

C 5

C 6

C 7

C 8

APPLICATION 2

Complétez ces dialogues :

1. — Hello, I'd like to .... an ...., please. We received your .... and we'd be interested in your photocopiers listed n°45U.

— We are absolutely sorry but they are out of .... for the moment.

2. —We sent our .... last week but we haven't received the .... yet.

— Let me check! The .... will be made as soon as possible.

— No, it will be too late.

— Well! In that case, we'll .... your order.

GRAMMAIRE

TRADUIRE « ENCORE », « PAS ENCORE », « DÉJÀ »

• **still** (encore, toujours) *exprime qu'une action est en cours* :

Are you still working in Tokyo or have you moved back to London? *(Travaillez-vous encore/toujours à Tokyo ou êtes-vous retourné[e] à Londres ?)*

Mr Macé is still in his office. *(M. Macé est encore dans son bureau.)*

• **yet** (déjà) *s'utilise pour demander si une action a eu lieu :*

Have you ordered the goods yet? *(Avez-vous déjà commandé les marchandises ?)*

Yet *s'emploie souvent avec le present perfect ; il se place à la fin de la question.*

À la forme négative, « yet » *traduit* « pas encore » :

We haven't ordered yet. *(Nous n'avons pas encore commandé.)*

• **still... not** (toujours pas) et **not... yet** (pas encore)

He hasn't called me yet. *(Il ne m'a pas encore appelé — mais je sais qu'il va le faire.)*

He still hasn't called me. *(Il ne m'a pas encore appelé — il aurait dû le faire.)*

La seconde phrase exprime l'impatience et l'agacement.

EXERCICE 1

Complétez les phrases comme dans cet exemple : Henry is still working. (go) : He hasn't gone yet.

1. It is still raining. (stop)
2. We are still here. (leave)
3. The meeting is still going on. (finish)
4. I am expecting his call. (call).
5. She is still single. (find)

EXERCICE 2

Traduisez les phrases suivantes :

1. Il est encore en vacances.
2. Avez-vous déjà envoyé le chèque ?
3. Il ne m'a pas encore écrit. *(Il va le faire.)*
4. Il ne m'a pas encore écrit. *(Il aurait dû le faire.)*

« LEARNING THE ROPES »

- « Cash or charge? » *est certainement la question la plus posée dans les magasins aux États-Unis. Elle signifie : « Vous payez en espèces ou par carte de crédit ? »*
- *délai se traduit par* **«** delivery time **»** *ou* **«** deadline **».**
- **«** delay **»** *signifie « retard »* (We are sorry for the delay.)

Break even.
Rentrer dans ses frais.

UNIT 28

Countries, nationalities
Pays, nationalités

PAYS	ADJECTIF (langue)	UN HABITANT	LES HABITANTS
Africa	African	an African	the Africans
America	American	an American	the Americans
Australia	Australian	an Australian	the Australians
Austria	Austrian	an Austrian	the Austrians
Belgium	Belgian	a Belgian	the Belgians
Brazil	Brazilian	a Brazilian	the Brazilians
Britain	British	a Briton*	the British
Canada	Canadian	a Canadian	the Canadians
China	Chinese	a Chinese	the Chinese
Czech Republic	Czech	a Czech	the Czech
Denmark	Danish	a Dane	the Danes
England	English	an Englishman	the English
Finland	Finish	a Finn	the Finns
France	French	a Frenchman	the French

Germany	German	a German	the Germans
Holland/the Netherlands	Dutch	a Dutchman	the Dutch
Ireland	Irish	an Irishman	the Irish
Israel	Israeli	an Israeli	the Israelis
Italy	Italian	an Italian	the Italians
Japan	Japanese	a Japanese	the Japanese
Kuwait	Kuwaiti	a Kuwaiti	the Kuwaiti
Lebanon	Lebanese	a Lebanese	the Lebanese
Morocco	Moroccan	a Moroccan	the Moroccans
Norway	Norwegian	a Norwegian	the Norwegians
Poland	Polish	a Pole	the Poles
Portugal	Portuguese	a Portuguese	the Portuguese
Russia	Russian	a Russian	the Russians
Saudi Arabia	Saudi Arabiana	Saudi	the Saudis/ Saudi Arabians
Scotland	Scottish	a Scot	the Scots
Spain	Spanish	a Spaniard	the Spaniards/ Spanish
Sweden	Swedish	a Swede	the Swedes
Thailand	Thai	a Thai	the Thai
Tunisia	Tunisian	a Tunisian	the Tunisians
Wales	Welsh	a Welshman	the Welsh

*__Briton__ *ne s'emploie que rarement.*

• *Pour parler des habitants du Royaume-Uni* : an Englishman, a Scot, a Welsh, an Irishman.

• *Les adjectifs de nationalité prennent toujours une majuscule* : « a Moroccan restaurant ».

PHRASES CLÉS

China and Japan are part of the Far East *(Extrême-Orient).*
Near East *(Proche-Orient),* Middle East *(Moyen-Orient).*
The Third World *(tiers-monde)* : the developing countries *(pays en voie de développement)* in Asia, Africa and South America.
Mary crosses the border *(frontière)* once a week to visit her boyfriend in Belgium.
The Industrialized Countries *(pays industrialisés).*
Lloyd is an American citizen *(citoyen).*
He lives in the state *(État)* of California.
He has a foreign accent *(accent étranger)* when he speaks French.
Some foreigners *(étrangers)* are not allowed into the United States without a visa.
EEC = European Economic Community *(CEE)*: The European countries which signed the Rome treaty in 1957 to form a union whose aim is to encourage closer political and economic cooperation.
UNO = United Nations Organisation (or United Nations): its aim is to encourage peaceful relations between countries to avoid wars.

APPLICATION 1

Complétez ce tableau :

Country	Adjective	People
The Netherlands		
	Scottish	
		The Chinese
France		
	British	
		The Danes
Ireland		
	Finish	
		The Spaniards

APPLICATION 2

Traduisez ces phrases :

1. Les Américains aiment conduire de grosses voitures.
2. J'ai rencontré un Anglais charmant.
3. La Grèce est un pays magnifique.
4. Pete est danois.
5. Les Chinois voyagent à l'étranger *(abroad)* maintenant.

GRAMMAIRE

EMPLOI DE « A » ET « AN » *(un, une)*

Ils s'emploient :

- **devant des noms singuliers** :

a *devant les mots commençant par une* ***consonne*** *:* a country.

an *devant les mots commençant par une* ***voyelle*** *:* an American city.

mais a uniform, a European country (son [ju])

Trois exceptions : on dit « an hour », « an heir » *(héritier)*, « an honest manager » *(car le h n'est pas aspiré).*

- **devant les noms de métier** :
  Paul is a Sales Manager.
- **avec les prépositions :**
  It's cold, don't go out without a coat.
  As a *(en tant que)* teacher, I must correct your mistakes.
- **devant les expressions de temps/de vitesse** :
  He goes to London once a week.
  She never drives over 60 miles an hour.
- *Quelques expressions utilisant l'article indéfini :*
  make a noise *(faire du bruit)*
  be in a hurry *(être pressé)*
  have a headache *(avoir mal à la tête)*
  all of a sudden *(tout à coup/soudain)*
  have a sense of humour *(avoir le sens de l'humour).*

EXERCICE 1

Traduisez les phrases suivantes :

1. Ne venez pas sans rendez-vous.
2. En tant que père je dois le soutenir. (support)
3. Nous nous rencontrons trois fois par semaine.
4. M. Prince est directeur de projet.
5. Il conduisait à 130 km à l'heure.
6. Je dois rentrer, j'ai mal à la tête.
7. Si tu es si pressée, tu ferais mieux de prendre un taxi.

EXERCICE 2

Complétez avec **a** *ou* **an** *:*

1. .... hour
2. .... university
3. .... elephant
4. .... honest woman
5. .... important matter
6. .... hotel
7. .... horrible flight
8. .... yellow jacket
9. .... impossible meeting
10. .... young secretary

« LEARNING THE ROPES »

Attention au mot **people** :

- *« People » + verbe au pluriel = les gens*
  People are nice in this company. *(Les gens sont gentils dans cette société.)*
- *« People » au pluriel = peuples*
  The peoples of this continent.

Take it easy./Keep cool.
Pas de panique.

UNIT 29

Idioms and False friends
Expressions idiomatiques et faux amis

EXPRESSIONS IDIOMATIQUES

Voici quelques expressions idiomatiques, anglaises ou américaines, souvent employées en affaires. Elles vous permettront de mieux comprendre vos interlocuteurs anglo-saxons, friands d'expressions imagées.
(Certaines d'entre elles apparaissent en bas de page de chaque unité.)

a bone of contention: *une pomme de discorde*
add fuel to the fire: *jeter de l'huile sur le feu*
another kettle of fish: *une autre paire de manches*
be at a loss for words: *ne pas trouver ses mots*
be at one's wits for words: *ne pas savoir à quel saint se vouer*
be out of the picture: *être de l'histoire ancienne*
beat about the bush: *tourner autour du pot*
bite the bullet: *avaler la pilule*
break even: *rentrer dans ses frais*
by word of mouth: *oralement, de bouche à oreille*
call a spade a spade: *appeler un chat un chat*
catch 22 situation: *situation sans issue*
clear the air: *détendre l'atmosphère*
clear as crystal: *clair comme de l'eau de roche*

cut both ways: *être à double tranchant*
everything has its day: *chaque chose en son temps*
far-fetched: *tiré par les cheveux*
first thing in the morning: *demain à la première heure*
first things first: *chaque chose en son temps, les choses importantes d'abord*
food for thoughts: *matière à réflexion*
get down to business: *passer aux choses sérieuses*
I get the picture.: *Je vois./J'y suis.*
I take your word for it.: *Je te/vous crois sur parole.*
get under way: *démarrer, commencer à se réaliser*
have a finger in every pie: *être mêlé à tout, avoir des intérêts un peu partout*
have a free hand: *avoir carte blanche*
have a say: *avoir son mot à dire*
have more than one trick up one's sleeve: *avoir plus d'un tour dans son sac*
have other fish to fry: *avoir d'autres chats à fouetter*
I take your point: *Je vous l'accorde*
It's no picnic.: *Ce n'est pas une partie de plaisir.*
It's up to you.: *A vous de décider.*
It will serve him right.: *Ca lui apprendra.*
jump to conclusions: *tirer des conclusions hâtives*
know the ropes: *connaître les ficelles du métier*
let the cat out of the bag: *vendre la mèche*
Let's call it a day.: *On s'en tient là pour aujourd'hui.*
Let's talk it over.: *Parlons-en.*
make ends meet: *joindre les deux bouts*
move with the times: *vivre avec son temps*
No hard feelings.: *Sans rancune.*
off the record: *officieusement, entre nous*
on second thoughts: *réflexion faite*
out of the blue: *sans prévenir, de manière inattendue*
point-blank: *à brûle-pourpoint*
proud as a peacock: *fier comme un paon*
put someone on the carpet: *mettre quelqu'un sur la sellette*

put the ball in someone's court: *renvoyer la balle*
put the cart before the horse: *mettre la charrue avant les bœufs*
simple as ABC: *simple comme bonjour*
sit on the fence: *ménager la chèvre et le chou*
small talk: *papotage, conversation facile*
speak one's mind: *dire ce que l'on pense*
speak without beating about the bush: *ne pas y aller par quatre chemins*
spill the beans: *vendre la mèche*
split hairs: *couper les cheveux en quatre, chicaner*
Take it easy!: *Pas de panique !*
Take my word!: *Croyez-moi sur parole.*
take the floor: *prendre la parole*
That's wishful thinking.: *C'est prendre ses désirs pour des réalités.*
That's worth thinking about.: *Cela demande réflexion.*
The ball is in his court.: *La balle est dans son camp.*
the ins and outs of...: *les tenants et les aboutissants*
think twice: *réfléchir à deux fois*
Time will tell.: *Le temps nous le dira.*
throw in the towel: *jeter l'éponge*
tricks of the trade: *ficelles du métier*
work one's way up: *gravir les échelons*
worm secrets out of somebody: *tirer les vers du nez à quelqu'un*
You can't have it both ways.: *On ne peut avoir le beurre et l'argent du beurre.*

FAUX AMIS

Ces mots anglais sont traîtres. Ils ressemblent à des mots français mais n'ont pas le même sens. Soyez vigilant !

achieve	*réaliser/réussir*
accommodate	*héberger*
actual	*réel/véritable*

actually	*en fait*
advice	*conseils*
affluent	*riche*
anxious	*désireux*
argument	*querelle/discussion*
attend	*assister*
audience	*le public*
chance	*occasion*
character	*personnage*
claim	*prétendre*
commercial	*spot publicitaire*
comprehensive	*complet*
consider	*envisager*
currently	*actuellement*
customs	*douanes*
delay	*retard*
demand	*exiger*
editor	*rédacteur (d'un journal)*
educated	*cultivé/instruit*
eventually	*à la fin*
journey	*voyage*
licence	*permis*
nervous	*inquiet*
part	*rôle*
phrase	*expression*
position	*poste/situation*
pretend	*faire semblant*
proper	*convenable*
purchase	*acheter*
resign	*démissionner*
rude	*grossier*
sensible	*sensé*
sensitive	*sensible*
sentence	*phrase*
sympathetic	*compatissant*
sympathy	*compassion*

« LEARNING THE ROPES »

• *La langue anglaise abonde en expressions idiomatiques très souvent utilisées dans la conversation. Cela fait son charme mais c'est aussi une difficulté immense pour ceux qui apprennent la langue. Les mots pris individuellement sont souvent compréhensibles, mais la signification de l'expression échappe. Par exemple,* « spill the beans » *(littéralement : renverser les haricots) signifie « vendre la mèche » ! Essayez d'en mémoriser quelques-unes. Bon courage !*

• *Deux opinions bien différentes exprimées par deux hommes de talent et d'esprit :*

• « We have really everything in common with America nowadays except, of course, language » – Oscar Wilde. *(Aujourd'hui, nous avons vraiment tout en commun avec l'Amérique sauf, bien sûr, la langue.)*

• « England and America are two countries separated by the same language » – *George Bernard Shaw. (L'Angleterre et l'Amérique sont deux pays séparés par la même langue.)*

Be at a loss for words.
Ne pas trouver ses mots.

UNIT 30

Common mistakes
Erreurs fréquentes

Vous avez souvent du mal à traduire ces mots, qui prêtent à confusion :

• ***apprendre*** : **learn** *ou* **teach ?**

learn: *apprendre dans le sens d'étudier*

I 'll learn my vocabulary. *(J'apprendrai mon vocabulaire.)*

teach: *apprendre dans le sens d'enseigner*

I teach them English. *(Je leur enseigne l'anglais.)*

• ***assurance*** : **assurance** *ou* **insurance ?**

assurance: *garantie, confiance en soi*

His self-assurance is big. *(Il a une grande confiance en lui-même.)*

insurance: *assurance, contrat*

I have a new insurance contract. *(J'ai une nouvelle police d'assurance.)*

• ***attendre*** : **wait** *ou* **expect ?**

wait for somebody or something: *attendre quelqu'un ou quelque chose (temps)*

I am waiting for the train. *(J'attends le train.)*

expect something or somebody to do something: *s'attendre à quelque chose, à ce que quelqu'un fasse quelque chose (intention)*

I expect them to come to the meeting. *(Je m'attends à ce qu'ils viennent./J'espère qu'ils viendront à la réunion.)*

- ***chaque*** : **each** *ou* **every ?**

  each day *(chaque jour)*

  every day *(tous les jours)*

- ***comme*** : **as** *ou* **like ?**

as: *comme, en tant que (+ verbe ou préposition)*

  as you like *(comme vous voulez)*

  as in summer *(comme en été)*

like: *comme, à la manière de (+ nom)*

  like her friend *(comme son amie)*

- ***dire*** : **say** *ou* **tell ?**

say something to somebody

  Say something to your manager. *(Dis quelque chose à ton directeur.)*

tell somebody something

  Tell her your name. *(Dis-lui ton nom.)*

- ***économie*** : **economics** *ou* **economy ?**

economics: *économie (science, aspects économiques)*

  the economics of the project

economy: *économie (régime économique)*

  The country's economy depends on the exportations.

- ***économique*** : **economic** *ou* **economical ?**

economic: *qui a trait à l'économie*

  an economic magazine, economic recession

economical = cost-effective: *rentable, économique*

  an economical car

- ***écouter*** **: listen** *ou* **hear ?**

listen: *écouter*

  She never listens to the radio. *(Elle n'écoute jamais la radio.)*

hear: *entendre*

  Can you hear this voice? *(Est-ce que tu entends cette voix ?)*

- ***efficace*** : **efficient** *ou* **effective ?**

efficient: *efficace, capable, compétent*

  Sylvia Balcony is an efficient assistant.

effective: *efficace, utile*

  The measures were effective.

The system is effective.

• ***encore*** : **still, not yet** *ou* **again ?**

still: *encore, toujours*

She is still in the office. *(Elle est encore au bureau.)*

Are you still living in New York? *(Tu habites toujours à New York ?)*

not... yet: *pas encore*

He isn't here yet. *(Il n'est pas encore là.)*

again: encore, à nouveau

It's raining again. *(Il pleut encore/à nouveau.)*

• ***expérience*** : **experience** *ou* **experiment ?**

experience: *expérience vécue*

Working in London was a great experience. *(Travailler à Londres fut une expérience formidable.)*

experiment: *expérience scientifique*

This company doesn't carry out experiment on animals. *(Cette société ne procède pas à des expériences sur des animaux.)*

• ***gagner*** : **win** *ou* **earn ?**

win: *gagner, acquérir par le hasard*

He won at the lottery. *(Il a gagné à la loterie.)*

earn: *gagner de l'argent, acquérir par le travail*

He earns a good living. *(Il gagne bien sa vie.)*

• **hard** *ou* **hardly ?**

hard: *dur/durement :*

a hard job *(un travail difficile)*

He works hard. *(Il travaille dur.)*

hardly: *à peine*

She can hardly speak. *(Elle peut à peine parler.)*

• **(have) been** *ou* **(have) gone ?**

I've been: *je suis allé(e), je suis revenu(e)*

I've been to Madrid. *(Je suis allé[e] à Madrid.)*

I've gone: *je suis allé(e), j'y suis encore.*

He's gone to Montreal. *(Il est allé à Montréal.)*

• ***laisser*** **: let** *ou* **leave ?**

let: *laisser, permettre*

Let her take your car. *(Laisse-la prendre ta voiture.)*

leave: *laisser, quitter, déposer*

Leave us the contract. *(Laissez-nous le contrat.)*

She left him. *(Elle l'a quitté.)*

• ***maison*** : **house** *ou* **home ?**

house: *maison, bâtiment*

We live in a big house. *(Nous habitons dans une grande maison.)*

home: *maison, foyer, chez-soi*

He isn't at home. *(Il n'est pas chez lui.)*

• ***manquer*** : **miss** *ou* **lack ?**

miss: *manquer, regretter, se languir de*

I miss my friend. *(Mon amie me manque.)*

lack: *manquer, ne pas avoir*

He lacks patience. *(Il manque de patience.)*

• ***oublier*** : **forget** *ou* **leave ?**

forget: *oublier (quand le lieu n'est pas précisé)*

He has forgotten the documents. *(Il a oublié les documents.)*

leave: *oublier/laisser (quand le lieu est précisé)*

He has left the documents at the airport. *(Il a oublié les documents à l'aéroport.)*

• ***pendant*** : **during** *ou* **for ?**

during: *pendant (moment)*

during the holidays *(pendant les vacances)*

for: pendant *(durée)*

He slept for ten hours. *(Il a dormi pendant dix heures.)*

• ***personnel*** : **personal** *ou* **personnel ?**

personal: *personnel, privé, particulier*

This is a personal call. *(C'est un appel privé/personnel.)*

personnel = staff = employees

Henry is the Personnel Director. *(Henry est le directeur du personnel.)*

• ***petit*** : **small** *ou* **little ?**

small: *petit (taille objective)*

My office is too small. *(Mon bureau est trop petit.)*

little: *petit (avec une nuance d'affection subjective)*

my little cousin *(mon petit cousin)*

• ***politique*** : **politics** *ou* **policy ?**

politics: *la politique en général*

I am not interested in politics. *(Je ne m'intéresse pas à la politique.)*

policy: *ligne de conduite, règle de comportement*

It is the policy of our company to hire foreign people. *(C'est la politique de notre société d'embaucher des étrangers.)*

• ***publicité*** : **advertisement, advertising** *ou* **publicity ?**

advertisement (advert, ad): *publicité, annonce*

Place an ad(vertisement) in the newspaper. *(Mets une annonce dans le journal.)*

advertising: *publicité (méthode, profession)*

advertising campaign *(campagne de publicité)*

publicity: *publicité (donnée à un événement)*

The royal wedding received a lot of publicity in the press.

• ***salaire*** : **salary** *ou* **wage ?**

salary: *salaire mensuel ou annuel*

She has a good salary. *(Elle a un bon salaire.)*

wage: *salaire journalier ou hebdomadaire*

We'll give you two-days' wages. *(Nous vous donnerons deux jours de salaire.)*

• ***satisfaisant*** : **satisfactory** *ou* **satisfying** ?

satisfactory: *qui satisfait, qui convient*

a satisfatory decision, a satisfactory condition

satisfying : *satisfaisant (gratifiant)*

a satisfying career/job/experience.

• ***sensible*** : **sensible** *ou* **sentitive ?**

sensitive: *sensible (émotionnellement)*

She can't watch horror films; she's too sensitive. *(Elle ne peut pas regarder des films d'horreur ; elle est trop sensible.)*

sensible: *sensé, raisonnable*

She'll tell you what to do; she's a sensible person. *(Elle te dira quoi faire ; c'est une personne sensée.)*

• ***se souvenir*** : **remember** *ou* **remind ?**

remember: *se rappeler, se souvenir de*

I don't remember the address. *(Je ne me souviens pas de l'adresse.)*

remind: *rappeler quelque chose à quelqu'un* (remind sby of sthg ou remind sby to do sthg)

He reminds me of my teacher. *(Il me rappelle mon professeur.)*

Remind me to post the letter. *(Rappelle-moi de poster la lettre.)*

• ***travail*** : **work** *ou* **job ?**

work: *le travail en général*

Work is interesting here. *(Le travail est intéressant ici.)*

job: *un travail, un emploi*

He lost his job. *(Il a perdu son travail.)*

• ***voler*** : **rob** *ou* **steal ?**

rob: *voler quelqu'un ou cambrioler un lieu*

They robbed a bank last year. *(Ils ont cambriolé une banque l'année dernière.)*

steal: *voler quelque chose*

He stole my laptop. *(Il a volé mon ordinateur portable.)*

• ***voyage*** : **trip, travel** *ou* **journey ?**

trip: *voyage court incluant un séjour*

We'll make a trip to Asia. *(Nous ferons un voyage en Asie.)*

travel: *les voyages en général (pas d'article)*

cheap travels *(les voyages bon marché)*

journey: *voyage (transport)*

The journey from New York to Montreal was too long. *(Le voyage de New York à Montréal était trop long.)*

Pour ne pas toujours utiliser les mêmes adjectifs, voici quelques synonymes ou mots de sens proche qui enrichiront votre discours :

important
essential, major, significant, serious, crucial, decisive, conclusive, outstanding, determining

good
convenient, appropriate, efficient, suitable, attractive, positive, satisfactory, acceptable, unobjectionable, pleasant

successful
fruitful, profitable, booming, prospering, prosperous, affluent, productive

bad
incompetent, unpleasant, objectionable, distateful, displeasing, ungratifying

big
large, outstanding, huge, important, significant, outsized, gigantic, prominant, tremendous

small
tiny, secondary, minor, limited, insignificant, insufficient

Clear as crystal
Clair comme de l'eau de roche.

AMERICAN AND BRITISH ENGLISH

GB	US	français
articles of association	by-laws	*statuts*
autumn	fall	*automne*
banknote	bill	*billet de banque*
bank holiday	public holiday	*jour férié*
bill	check	*addition/facture*
booking	reservation	*réservation*
cab	taxi	*taxi*
car	automobile	*voiture*
car park	parking lot	*parking*
cash dispenser	automatic teller	*distributeur de billets*
centre	center	*centre*
chartered accountant	registered accountant	*expert-comptable*
chemist	pharmacist	*pharmacien*
chips	French fries	*frites*
christian name	first name	*prénom*
cinema	movie house	*salle de cinéma*
city centre	downtown	*centre-ville*
cupboard	closet	*placard*
film	movie	*film*
flat	apartment	*appartement*
fortnight	two weeks	*quinzaine, deux semaines*
full stop	period	*point*
gross margin	gross income	*marge brute*
ground floor	first floor	*rez-de-chaussée*
holiday	vacation	*vacances*
ill	sick	*malade*
letter-box	mail-box	*boîte aux lettres*
lift	elevator	*ascenseur*
lorry	truck	*camion*

luggage	baggage	*bagages*
main course	entree	*plat principal*
make someone redundant	lay someone off	*licencier quelqu'un*
manager	director	*directeur*
managing director	chief executive officer	*directeur général, président-directeur général*
manpower	labor	*main-d'œuvre*
mobile phone	cell phone	*(téléphone) portable*
motorway	highway	*autoroute*
pavement	sidewalk	*trottoir*
petrol	gas	*essence*
phone box	payphone	*cabine téléphonique*
postal code	zip code	*code postal*
public limited company	incorporated company	*société anonyme*
queue	line	*queue*
reference	testimonial	*référence*
return ticket	round trip ticket	*billet aller-retour*
rubber	eraser	*gomme*
second hand	used	*usagé/d'occasion*
shareholder	stockholder	*actionnaire*
shop	store	*magasin*
shopping centre	mall	*centre commercial*
single ticket	one way ticket	*billet aller simple*
starter	appetizer	*entrée*
surname	last name	*nom de famille*
timetable	schedule	*horaire*
trainee	intern	*stagiaire*
training period	internship	*stage*
underground/tube	subway	*métro*

IRREGULAR VERBS • VERBES IRRÉGULIERS

Infinitif	Prétérit	Participe passé	
to be	I was/ you were	been	*être*
to bear	I bore	borne born: *né*	*porter, supporter*
to beat	I beat	beaten	*battre*
to become	I became	become	*devenir*
to begin	I began	begun	*commencer*
to bend	I bent	bent	*plier, courber*
to bet	I bet	bet	*parier*
to bite	I bit	bitten	*mordre*
to bleed	I bled	bled	*saigner*
to blow	I blew	blown	*souffler*
to break	I broke	broken	*briser, casser*
to bring	I brought	brought	*apporter*
to build	I built	built	*bâtir*
to burn	I burnt	burnt	*brûler*
to burst	I burst	burst	*éclater*
to buy	I bought	bought	*acheter*
to catch	I caught	caught	*attraper*
to choose	I chose	chosen	*choisir*
to come	I came	come	*venir*
to cost	I cost	cost	*coûter*
to cut	I cut	cut	*couper*
to deal	I dealt	dealt	*distribuer*
to dig	I dug	dug	*creuser*
to do	I did	done	*faire*

to draw	I drew	drawn	*tirer, dessiner*
to dream	I dreamt/ dreamed	dreamt/ dreamed	*rêver*
to drink	I drank	drunk	*boire*
to drive	I drove	driven	*conduire, pousser*
to eat	I ate	eaten	*manger*
to fall	I fell	fallen	*tomber*
to feed	I fed	fed	*[se] nourrir*
to feel	I felt	felt	*sentir, ressentir*
to fight	I fought	fought	*se battre*
to find	I found	found	*trouver*
to fly	I flew	flown	*voler, voya-ger en avion*
to forbid	I forbade	forbidden	*interdire*
to forget	I forgot	forgotten	*oublier*
to forgive	I forgave	forgiven	*pardonner*
to freeze	I froze	frozen	*geler*
to get	I got	got	*obtenir, se procurer*
to give	I gave	given	*donner*
to go	I went	gone	*aller*
to grow	I grew	grown	*croître, cultiver*
to hang	I hung	hung	*accrocher, pendre*
to have	I had	had	*avoir*
to hear	I heard	heard	*entendre*
to hide	I hid	hidden	*cacher*
to hit	I hit	hit	*frapper*

to hold	I held	held	*tenir*
to hurt	I hurt	hurt	*blesser*
to keep	I kept	kept	*garder*
to kneel	I knelt	knelt	*s'agenouiller*
to know	I knew	known	*savoir, connaître*
to lay	I laid	laid	*étendre, poser*
to lead	I led	led	*conduire, mener*
to lean	I leant	leant	*se pencher*
to learn	I learnt/ learned	learnt/ learned	*apprendre*
to leave	I left	left	*laisser, quitter*
to lend	I lent	lent	*prêter*
to let	I let	let	*laisser, louer*
to lie	I lay	lain	*être étendu*
to light	I lit/lighted	lit/lighted	*allumer, éclairer*
to lose	I lost	lost	*perdre*
to make	I made	made	*faire, fabriquer*
to mean	I meant	meant	*signifier, avoir l'intention de*
to meet	I met	met	*rencontrer*
to mow	I mowed	mown	*faucher, tondre*
to pay	I paid	paid	*payer*
to put	I put	put	*mettre*
to read	I read	read	*lire*

to ride	I rode	ridden	*aller à cheval/ à bicyclette*
to ring	I rang	rung	*sonner*
to rise	I rose	risen	*se lever, se dresser*
to run	I ran	run	*courir*
to saw	I sawed	sawn/ sawed	*scier*
to say	I said	said	*dire*
to see	I saw	seen	*voir*
to sell	I sold	sold	*vendre*
to send	I sent	sent	*envoyer*
to set	I set	set	*placer, fixer*
to shake	I shook	shaken	*secouer*
to shine	I shone	shone	*briller, faire briller*
to shoot	I shot	shot	*lancer [un projectile], tirer*
to show	I showed	shown	*montrer*
to shut	I shut	shut	*fermer*
to sing	I sang	sung	*chanter*
to sit	I sat	sat	*être assis*
to sleep	I slept	slept	*dormir*
to smell	I smelt/ smelled	smelt/ smelled	*sentir [une odeur]*
to speak	I spoke	spoken	*parler*
to spell	I spelt/spelled	spelt/ spelled	*épeler*
to spend	I spent	spent	*passer, dépenser*

to spoil	I spoilt/spoiled	spoilt/ spoiled	*gâter, gâcher*
to spread	I spread	spread	*étendre, étaler*
to stand	I stood	stood	*être debout*
to steal	I stole	stolen	*voler, dérober*
to stick	I stuck	stuck	*coller*
to strike	I struck	struck	*frapper, sonner [l'heure]*
to swear	I swore	sworn	*jurer*
to sweep	I swept	swept	*balayer*
to swim	I swam	swum	*nager*
to take	I took	taken	*prendre*
to teach	I taught	taught	*enseigner*
to tear	I tore	torn	*déchirer*
to tell	I told	told	*raconter*
to think	I thought	thought	*penser*
to throw	I threw	thrown	*jeter, lancer*
to under-stand	I understood	under-stood	*comprendre*
to wake	I woke/waked	woken/ waked	*[s']éveiller*
to wear	I wore	worn	*porter [vêtement]*
to win	I won	won	*gagner, vaincre*
to write	I wrote	written	*écrire*

POINTS DE GRAMMAIRE COMPLÉMENTAIRES

Voici quelques points de grammaire qui n'apparaissent pas dans les chapitres et qui sont sources d'erreurs.

LES POSSESSIFS

Adjectifs possessifs

My, your, his/her/its, our, your, their

Pronoms possessifs

Mine, yours, his/hers/its, ours, yours, theirs

• *Les possessifs s'accordent en genre avec le possesseur ; ils sont invariables au pluriel.*

his computer *(il appartient à John)*/her computer *(il appartient à Jane)*
my letter, my letters.
This is my car; it's mine.
This is your car; it's yours.
This is her car; it's hers.
This is his car; it's his.
This is our car; it's ours.
This is their car; it's theirs.

• *On peut aussi utiliser la construction suivante :* nom + of + pronom :

A friend of mine. *(Un ami à moi.)*
A friend of his. *(Un ami à lui.)*
A friend of theirs. *(Un ami à eux.)*

SOME ET ANY

Some *et* **any** *expriment une quantité indéfinie :* ***du, de la, des, quelques.***

• **some** *dans les* ***phrases affirmatives*** *:*

We have some customers in Asia.

• **any** *dans les* ***phrases interrogatives et négatives*** :

Have you got any copies to make?
I don't have any paper.

• *Attention : on utilise généralement* **some** *dans les* ***questions*** *quand il s'agit d'une demande polie ou d'une offre :*

Would you like some tea?
Can I have some coffee, please?

- *Dans des phrases de* ***sens négatif*** *(avec* « without » *et* « never »*), on utilise* **any** *:*
  He left the company without any regrets.
  They never make any comments.
- **any** *peut avoir le sens de* ***n'importe quel*** :
  You can take any of these trains to go to London.
  Which text would you like to read? Any text.
  Come any time you want.
- *Les composés de* some *et* any :
  somebody, someone *(quelqu'un)*, anybody, anyone
  something *(quelque chose)*, anything
  somewhere *(quelque part)*, anywhere

EXPRIMER SES GOÛTS

- I like speaking English.

I enjoy *(aimer bien)* business trips/go**ing** on business trips.
I love meet**ing** new people.
I am fond of good wines. *(apprécier)*
He is crazy about modern American litterature.

- She doesn't like speak**ing** in public.

She dislikes travell**ing** alone.
I can't stand/can't bear *(je ne supporte pas)* late meetings/ work**ing** long hours.
He hates be**ing** late. *(il déteste)*
I don't care much for *(je n'aime pas beaucoup)*cakes.

EXPRIMER LA PRÉFÉRENCE

- I **like** this design **better**. I like it best.
- I **prefer** New York **to** London.
  I prefer driving my own car to taking the bus.
  I'd prefer him to come earlier. *(Je préférerais qu'il vienne plus tôt.)*
- **I would/I'd rather + infinitif sans to**
  I'd rather leave now. *(Je préférerais partir maintenant.)*
  I'd rather not stay. *(Je préférerais ne pas rester.)*
  I'd rather work here **than** in Paul's office. (rather... than: *plutôt... que*)

- **I'd rather + sujet + passé**
  I'd rather you **did** it now. *(Je préférerais que tu le fasses maintenant.)*

DEMANDER/DONNER SON OPINION

- **demander l'opinion** :

What is your **opinion about** foreign market?
What are your **feelings about** the future merger?
What are your **views on** flexitime?
How do you **feel about** the proposal?
What do you **think?**
What do you **think about** this new policy?
Any **comments**?
Has anybody **any comments to make**?

- **donner son opinion** :

I'm **sure (that)** the prices will increase next year.
I'm **convinced** we made the right choice.
It is **clear to me that** we should invest.
I **have no doubt** the project must be cancelled.
I **think we should** diversify our production.
As I see it, the profits are high.
In my opinion, Mr Smith isn't doing a good job.
I feel it is time to change our objectives.
I tend to think Simon is right.
It seems to me we should ask for a loan.

EXPRIMER LE RÉSULTAT, LA CAUSE, LA CONSÉQUENCE

- ***cause :***
  This dramatic change is the result of.../is caused by...
  We lost this customer because our prices were too high.
  We lost this customer because of the delays in delivery.
  Since we agreed, we'll respect our decisions. (since: *puisque*)
  That's the reason why/That's why they changed their policy. *(C'est la raison pour laquelle...)*

- ***résultat/conséquence :***

  If we accept his proposal, it will mean building a plant in Asia.
  Higher salaries will result **in** cutt**ing** other expenses. (result in: *résulter en*)
  Higher salaries will lead **to** cut other expenses. (lead to: *mener à*)
  Consequently, there will be strikes.
  Therefore the workers will go on strike. (therefore: *par conséquent, de ce fait*)
  As a result, the workers will go on strike.
  Consequently = as a result = therefore = so
  We must buy new machines, otherwise we will be behind our competitors. (otherwise: *autrement, sinon*)

EXPRIMER L'ACCORD ET LE DÉSACCORD

l'accord *(de l'accord total à l'accord partiel)*

- I totally/quite agree.

I couldn't agree more.
I'm completely in favour of that.
That's the best solution.
Excellent! Sounds fine! Good idea!

- I agree with you.

That's true.
You're right.

- I tend to agree.

I suppose so.
I suppose you're right.

- There is no other alternative.

There is not much choice.

le désaccord *(du désaccord total au désaccord partiel)*

- I totally disagree with you.

I don't agree with you.
You're totally wrong.
I can't accept that.
I'm totally against it.
It's out of the question.

• I don't really think so.
I'm afraid I can't accept that. *(Commencer par* « I am afraid » *est une façon de s'excuser de donner une réponse négative.)*
I'm sorry I can't accept.
• It's a good idea but...
I tend to disagree.
Do you really think so?
I can see your point but...
That's interesting but...

EXPRIMER LA SUGGESTION

I **suggest** we hire a new assistant.
We **could** freeze prices.
What about a new computer?
What/How about leav**ing** earlier? *(« Et si on » + verbe + ing)*
Why don't we order more computers? *(Pourquoi ne pas...)*
It might be worth meet**ing** them. *(Cela vaudrait la peine de les rencontrer.)*
Shall I translate it for you? *(Voulez-vous que je...)*
Shall we meet again next month? *(Voulez-vous que nous...)*
Perhaps we should think it over? *(Peut-être devrions nous y réfléchir ?)*
Let's meet next week, shall we? *(Rencontrons-nous la semaine prochaine, voulez-vous ?)*

EXPRIMER LE FUTUR

• **will**
- *quand l'action se fait* ***au moment où l'on parle*** *:*
  Don't move, I'll call a taxi!
- *pour énoncer une* ***prédiction*** *:*
  I know I'll find a job soon.
- *avec* **if**, **probably**, **I'm sure**, **I think** :
  If he calls me, I'll tell him the truth.
  I'll probably meet him later.
  I'm sure you'll miss him.
  Do you think he'll call me?

• **be going to...** *(aller faire...) pour exprimer* ***l'intention, la prévision*** *:*

It's going to rain.
What is he going to do this evening?

• ***présent continu*** (be + verb + ing) *pour exprimer* ***un projet****, un programme prévu :*

I'm leaving at 8.

• ***présent simple*** *pour les* ***horaires*** *:*

The train leaves at 9.

Attention : ***pas de futur*** *dans les subordonnées de temps introduites par* **when** *et* **as soon as**. *On utilise le présent (ou le present perfect) alors qu'en français on utilise le futur :*

J'achèterai une voiture quand j'aurai de l'argent. I'll buy a car when I have money.
Nous sortirons dès qu'il arrivera. We'll go out as soon as he comes.
Dès qu'il aura fini, il appellera. As soon as he has finished he'll call.

MAKE OU DO

« Make » et « do » *traduisent le verbe faire.*

• **make** *signifie souvent « faire » dans le sens de « fabriquer avec ses mains », mais pas toujours !*

• **do** *signifie souvent « faire quelque chose qui ne produit pas un résultat concret », mais pas toujours !*

Pour vous aider, mémorisez cette liste :

MAKE	DO
up one's mind *(se décider)*	one's best/utmost *(faire de son mieux)*
plans	homework, exercises, a translation
arrangements	a favor *(rendre service)*
an effort	a sum, a problem
an impression	business *(faire des affaires)*
a decision	someone good *(faire du bien à quelqu'un)*

sense *(être logique, évident)*	shopping
progress	the books *(faire les comptes)*
an appointment *(prendre RV)*	one's duty *(faire son devoir)*
a suggestion	research
a difference *(changer qqch)*	
a cheque	the right thing
a difference	without *(se passer de)*
sure *(s'assurer)*	harm *(faire du mal)*
breakfast, lunch, dinner	the cooking
a mistake	well, badly *(faire bien, mal)*
do with *(faire avec)*	sthg for someone (qqch pour qqn)
a change	sthg over *(refaire)*
the bed	the dishes, the housework *(vaisselle, ménage)*
trouble, a scene *(des ennuis,* des histoires)	an invoice *(facture)*
a complaint (se plaindre)	

EXPRESSIONS AVEC HAVE

« Have » *n'est pas seulement un auxiliaire qui sert à former des temps* (present perfect: have visited - past perfect: had visited). *Il peut se traduire aussi par « prendre, faire », etc., le plus souvent pour des verbes d'action.*
Il s'utilise dans les expressions suivantes :
have breakfast/lunch/dinner/a snack/a drink: *prendre le petit déjeuner/déjeuner/dîner/un en-cas/un verre*
have some tea/coffee: *prendre du thé/du café*
have a shower/a bath: *prendre une douche/un bain (les Américains préfèrent* « take »)
have a lesson: *prendre un cours*
have a holiday: *prendre des vacances*
have a dream: *rêver*
have a walk/a swim (US: take) : *se promener, se baigner*

have a good time/a good evening: *s'amuser, passer une bonne soirée*
have a party: *organiser une soirée*
have a rest: *se reposer*
have a nervous breakdown: *faire une dépression nerveuse*
have a cigarette: *fumer*
have a look at: *regarder, jeter un coup d'œil à.*

EXPRESSIONS AVEC BE

Attention à la confusion suivante : certaines expressions se formant avec avoir en français se font avec « be » *en anglais.*
be cold/hot/warm: *avoir froid/chaud*
be dark: *faire sombre* (it's dark: *il fait sombre*)
be fine (weather): *faire bon (temps)*
be sunny/windy/rainy: *y avoir du soleil/du vent/de la pluie*
be right/wrong: *avoir raison/tort*
be hungry/thirsty: *avoir faim/soif*
be sleepy: *avoir sommeil*
be... long/high/deep/wide: *avoir/faire... de long/de haut/de profondeur/de largeur*
be + age: *avoir + âge*
be lucky: *avoir de la chance*

Word list

Lexique français-anglais

abonné : subscriber
accorder un rabais : grant a discount
accueil (lieu) : reception desk
accueillir : welcome, greet, meet
accuser réception : acknowledge receipt
achat : purchase
acheter : buy/purchase
acompte, arrhes : down payment, deposit
acquérir : acquire, gain
actionnaire : shareholder (GB)/stockholder (US)
agenda : diary, appointment book
agent de sécurité : security guard
agrafeuse : stapler
air conditionné : air conditioning
allô : hello
annonce : advertisement, advert, ad
annuaire : telephone directory, telephone book (US)
annulation : cancellation
annuler : cancel
  un rendez-vous : cancel/call off/break an appointment
  une commande : cancel an order
apporter à : contribute to
armoire : closet
arriver à l'hôtel : check in
ascenseur : lift (GB), elevator (US)
assemblée générale : general assembly

assister à une réunion : attend a meeting
associé : partner
assumer des responsabilités : undertake responsibilities
assurer (s') : make sure
atelier : workshop, shopfloor
attaquer (s') à un marché : tap a market
atteindre un but, un résultat, réaliser un rêve : achieve a goal, an objective, a dream
attendre : wait for
 (en ligne), patienter : hold
attente (dans l') de : looking forward to + verb + -ing
attentionné : considerate
atterrir : land
automatisation : automation
avance (en) : early
avancement : promotion
avancer (une date de rendez-vous) : bring forward
bagage : luggage (GB), baggage (US)
basé, situé : located, based, situated
bénéfices : profit
bienvenu : welcome
bilan : balance sheet
billet
 aller simple : one way/single ticket
 aller-retour : return ticket (GB), round trip (US)
bip (répondeur) : beep
bloc-notes : writing pad
boissons
 alcoolisées : alcoholic beverages
 non alcoolisées : soft drinks
bon
 de commande : order form
 de réservation : voucher
bonjour : hello/good morning/good afternoon
brevet : patent
brochure, plaquette : brochure, booklet
bulletin
 d'entreprise : newsletter
 de livraison : delivery note

bureau
(pièce) : office
(table) : desk
cabine téléphonique : phone box (GB)/pay phone (US)
cadre : executive
supérieur : senior, top executive,
calculatrice : calculator
calendrier de production : production schedule
camion : lorry (GB)/truck (US)
candidat : applicant, candidate
retenu : shortlisted candidate
caractéristiques : features
carte
d'embarquement : boarding pass
téléphonique : phonecard
des vins : wine-list
de visite : business card
célibataire : single
chaîne
de montage : assembly line
de production : production line
chambre
double : double room
simple, à un lit : single room
à lits jumeaux : twin-bedded room
contiguës : adjoining rooms
chargement : loading
charger, décharger : load, unload
chauffage : heating
chef
comptable : Chief/Head Accountant
d'atelier : supervisor
de service : head of department
d'entreprise : entrepreneur
chercher : look for, seek
ci-joint : encl./enc. = enclosed
classer des documents : sort out documents
classeur pour courrier : rack

client : client *(qui achète des services)*/customer *(qui achète des produits)*
colère (en) : angry, cross, mad (US)
collaborateur extérieur, indépendant : free-lancer
collègue : colleague, co-worker
combiné : receiver
commande : order
d'essai : trial order
en grosse quantité : bulk order
commander : order
par correspondance : order by mail
comme convenu : as arranged
comme prévu : as scheduled, as planned
commerce de détail/de gros : retail trade/wholesale trade
commissaire aux comptes : auditor
compatissant : sympathetic
compétences : skills, abilities
complet (hôtel) : no vacancies, fully booked, booked up
comporter (se) : behave
composer un numéro : dial a number
compréhensif : understanding
compter sur : rely on
comptoir d'enregistrement : check-in counter
conclure
un accord : come to, reach an agreement
un marché : close a deal
conditions : terms
d'achat : terms, conditions of purchase
conduire à... : drive... to
confirmer un rendez-vous : confirm, keep an appointment
connaissance de : knowledge of
consacrer à (se) : commit oneself to
conseil d'administration : board of directors
contacter, rester en contact : get in touch
contrat : contract, agreement
contremaître : foreman
convenir d'un prix : agree on a price
convocation : notification
convoquer une réunion : call a meeting

corbeille : tray
à papiers : wastepaper bin
couper : cut off
courant (langue) : fluent
coûter : cost
créer : set up, create, start up, found
critiquer : criticize
CV : résumé, curriculum vitae
date de livraison : delivery time
décalage horaire
(fatigue) : jetlag
(temps, fuseau horaire) : time difference/zone
décoller : take off
décontracté : cool, casual, relaxed
décrocher (téléphone) : lift
délai : deadline
délégué syndical : shop steward (GB), staff representative, unionist
demande : request
de renseignements : inquiry
demander à quelqu'un de : ask someone to
demi-pension : half-board
déplacement (en) : on business
déposer quelqu'un : drop someone off
dépouiller le courrier : go through the mail
déranger : bother
désagréable : unpleasant
désireux de : willing to, keen to
désolé de (+ verbe) : sorry for (+ verb + -ing)
détaillant : retailer
digne de confiance : trustworthy, reliable
diplômes, études, qualifications : education, qualifications
direct : straightforward
directeur : Manager (GB), Director (US)
commercial/des ventes : Sales Director
de gestion : Cost controller
de la communication : Public Relations Manager, Communications Director
de production : Production Manager

des achats : Purchasing Manager
des ressources humaines (DRH) : Human Resource Director(HRD)/Personnel Manager
du service juridique/contentieux : Head of Legal Department
export : Export Manager
financier : Finance Director
financier adjoint : Deputy Finance Manager
général : Managing Director (GB)/ Chief Executive Officer (CEO) (US), General Manager
direction : management, senior/top management
diriger
un service : be in charge of/head a department
une société : run/manage a company
disponible : available
disposition (table) : (table) lay out
disputer (se) : argue, quarrel, have an argument
documentation : literature, documentation
documents polycopiés : handouts
dossier : file, record
à spirale : ring binder
en attente : pending file
suspendu : hanging file
dur, sévère : harsh
durée de vie d'un produit : product lifespan
échantillon : sample
écrire, envoyer du courrier : write, send mail
effectif : workforce
effectuer une livraison : carry out a delivery
efficace : efficient
égoïste : selfish
embaucher : recruit, hire
emplois occupés : work history
énerver : get on someone's nerves
enjoué : cheerful
enregistrer : book, register
en-tête : letterhead
enthousiaste : enthusiastic
entrepôt : warehouse

entretenir de bonnes relations avec : be on good terms with
enveloppe : envelope
envoi, expédition : shipment, consignment
épeler : spell
épuisé (produit) : out of stock
équipe : team
  de nuit : night shift
équipement : facilities
escale : stopover
étagère(s) : shelf(ves)
état financier : financial statement
étiquette de prix : price tag
être
  convoqué à un entretien : be called for an interview
  de bonne/mauvaise humeur : be in a good/bad mood
  de retour : be back
  là : be in
étroit d'esprit : narrow-minded
excuser (s') : apologize
expérience professionnelle : work/professional experience
expert-comptable : Chartered Accountant (GB)/Certified Accountant (US)
fabrication : manufacture
  en série : mass production
fabriquer des marchandises : manufacture goods
facture : invoice, bill
faire
  attendre quelqu'un : keep somebody waiting
  confiance : trust someone
  des affaires : do business
  des bénéfices/un voyage d'affaires : make a profit/a business trip
  entrer quelqu'un : show someone in
  équipe avec : team up with, work as a team
  le lien avec le personnel : liaise with the staff
  partie du personnel : be on the staff/the payroll
  payer : charge
  savoir : let someone know
  sortir quelqu'un : show someone out

un discours : deliver a speech
une escale : make a stopover/stop over
fait maison : home-made
faux/mauvais numéro : wrong number
fermer une usine : close down/shut a plant
feutre (stylo) : felt pen
fiche de renseignements : registration card
fidéliser la clientèle : develop customer's loyalty
filiale : subsidiary
filtrer les appels téléphoniques : screen telephone calls
finition : workmanship
fixer un rendez-vous : make/set up/fix an appointment
formation : training
former des équipes : build/set up teams
formulaire de commande : order form
formule de politesse : complimentary close
fournir : provide, supply
des services : provide services
fournisseur : supplier
fournitures de bureau : stationery
frais de production : production costs
franc : outspoken
fusion : merger
gagner la confiance de : win the confidence of
gamme de prix : price range
gestion courante : day-to-day management
gomme : rubber (GB)/eraser (US)
grand lit : double bed
gravir les échelons, s'élever dans la hiérarchie : work one's way up
grossiste : wholesaler
hausse de prix : mark up
hébergement : accommodation
heure (à l') : on time
heure d'arrivée/de départ : check-in/check-out time
heures supplémentaires : overtime
hiérarchie : hierarchy, chain of commands
horaire : timetable
hôtel 4 étoiles : four-star hotel

hôtesse d'accueil : receptionist
humble : modest
hypocrite : hypocritical, insincere
impatient de (être) : look forward to + verb + -ing
impitoyable : ruthless
implanter une usine : establish/set up a plant
impoli : rude
imprimante : printer
indicatif : code
indulgent : lenient
industriel : manufacturer
injuste : unfair
intérêts : interests
jeune cadre : junior executive
joindre : reach/get
joindre à (se) : join someone
journal interne/d'entreprise : in-house magazine
juste : fair
laisser un message : leave a message
lancer une campagne, un produit : launch a campaign, a product
langue
  étrangère : foreign language
  maternelle : mother tongue
lettre : letter
  commerciale : business letter
  de candidature : application letter
  de motivation : cover letter
  recommandée : registered letter
libre, disponible : free, available
lier d'amitié avec (se) : make friends with
lieux : premises
ligne (en) : on the line
livraison : delivery
  des bagages : baggage claim
livrer : deliver
livreur : delivery man
location de voiture : car rental
locaux : premises

machines : machinery
magasinier : warehouseman
magnétophone : tape/cassette recorder
mailing : mailshot
main-d'œuvre : manpower, labour/labor (US)
maison mère : parent company
marchander : bargain (about a price)
marchandises : goods
marié : married
matières premières : raw materials
mentir : lie
menu (au) : on the menu
merci pour : thank you for (+ verb + -ing)
message téléphonique : phone message
messagerie, boîte vocale : voice mail
métro : subway (US)/underground, tube (GB)
mettre
  au courant : brief
  en colère (se) : lose one's temper
  en place des stratégies : implement/develop strategies
meuble classeur : filing cabinet
mise en page : layout
missions, responsabilités : tasks, duties
mondialisation : globalization
monter à bord (avion) : board a plane
monter, descendre (train, métro, bus) : get on, get off
nationalisé : state-owned
ne pas hésiter à : feel free to
ne quittez pas : hold the line/hold on/one moment/just a moment
négligent : careless
négocier des contrats : negociate contracts
niveau : layer, level
nom (à quel) ? : in what name?
nommer : appoint, nominate
noter : make a note of
numéro
  de poste : extension number
  d'immatriculation : car registration number
  de téléphone : phone number

objectifs
professionnels : career objectives
de vente : sales goals
occupée (ligne) : engaged, busy - *(personne)* : busy, tied up
occuper (s') de, gérer : handle
OPA (offre publique d'achat) : take-over bid
opérateur, standardiste : operator
ordinateur : computer
portable : laptop
ordre du jour : agenda
organigramme : organization chart
ouvert, extraverti : outgoing
ouvert d'esprit : open-minded
ouvrier : worker
panne (en) : out of order
papiers d'identité : identity card, ID/identification (US)
parking privé : private car park
parler plus fort : speak up/louder
participer à : be involved in
passer
la douane : go through customs
la nuit : stay overnight
quelqu'un au téléphone : put someone through (to), connect
un coup de fil : give a ring, make a call
une commande : place/carry out/fulfill/execute an order
patron : boss
payable à la livraison : payment on delivery
payer à tempérament/par versements échelonnés : pay by instalments
PCV : reverse charge call, collect call (US)
P-DG (président-directeur général) : (Chairman and) Managing director (GB)/Chief Executive Officer (CEO) (US)
pénétrer un marché : break into a market
pension complète : full board
personnel : staff, employees, personnel
petites et moyennes entreprises (PME) : small and medium sized enterprises (SME)

peu prévenant : inconsiderate
pièce jointe : enclosure
planning, emploi du temps : schedule
plat du jour : today's special, dish of the day
plein d'entrain : lively
pointer : clock in/out
poli : well-behaved
portable (téléphone) : mobile (GB)/cell (= cellular) phone (US)
porte (aéroport) : gate
poste (fonction) : position
    de travail : work station
    vacant : vacancy
postuler (à) un emploi : apply for a job/position
pour le moment : at the moment, at present
pré-série : pilot production
prendre
    des mesures : take measures
    des notes : take notes down, write down
    des risques : take/run risks
    la parole : take the floor
    les rendez-vous : make/fix/set up appointments
    note de : make a note of
    un message : take a message
préparer les réponses : draft the replies
présenter : introduce
    présenter (se) (avec papiers) : identify oneself
président : Chairman
présider une réunion : chair/preside over a meeting
prévenant : thoughtful
prévisions de ventes : sales forecast
priorités (établir/fixer les) : prioritize
prix : price, quotation
    au détail : retail price
    de gros : wholesale price
    de revient : cost price
    de vente : selling price
    fort (au) : full price
    unitaire : unit price
procédé : process

procès-verbal (d'une réunion) : minutes
procuration : proxy
production : output
productivité : productivity
produits finis : manufactured/finished goods/products
prospectus, dépliant : flyer, leaflet, brochure
quai : platform
qualifié, non qualifié : skilled, unskilled
qualités personnelles : personal profile
raccrocher : hang up, ring off (GB)
rachat : takeover
racheter des societés : take over companies
rappeler : call back/again
rapport qualité-prix : value for money
ravi de vous rencontrer : nice/pleased to meet you
réalisations : achievements
réception : front desk
recevoir les visiteurs : meet, receive visitors
reconnaissance de dette : IOU (= I owe you = *je te/vous dois*)
reconnaissant : grateful
reçu : receipt
rédiger des rapports : make out reports
réduire les coûts : reduce costs, expenses
références
  (personnes) : referees
  (lettres) : references, testimonials (US)
registre : ledger
  des visiteurs : Visitors' Book
règle : ruler
règlement : regulation, rules
  à la commande : cash with order
  à la livraison, livraison contre remboursement : cash on delivery (COD)
régler
  des problèmes, des points : sort out problems, points
  sa note, libérer la chambre : check out
remettre (à plus tard) : postpone
remise, réduction : discount
remorque : trailer

remplir/compléter un formulaire : fill in/fill out (US) a form
rendement : yield
rendez-vous : appointment
renseignements complémentaires : further/additional information
renseignements téléphoniques : directory assistance, enquiries (GB)
répertoire : index book
répéter : repeat, say again
répondre aux besoins de clients : meet clients' needs
reposer (se) : rest/get some rest
repousser, remettre (un rendez-vous) : postpone/push back/put off an appointment
représentant : sales representative/rep
réservation : booking
réserver (chambre d'hôtel, table) : book/reserve (a room, a table)
résoudre des problems : solve problems
respecter les délais : meet the deadlines
respectueux : respectful
responsabilités : duties
responsable
auprès de, sous les ordres de (être) : report to, be responsible to
de : in charge of/responsible for/accountable for
des ventes : Sales Manager
restaurant
classique : traditional restaurant
exotique : ethnic restaurant
rester : stay
en/garder le contact : keep in touch
retard : delay
retard (en) : late
retardé : delayed
retenu : held up
retour du courrier : return of mail
revoir : see again
ristourne, remboursement : refund

SA (société anonyme) : Public Limited company/PLC (GB), Incorporated/INC./Listed company (US)
salle d'attente : waiting room
salutations : regards
SARL (société à responsabilité limitée) : Private Limited company/Ltd (GB)/Limited liability company (US)
secrétaire général : General Secretary/Company Secretary
séjour : stay
serveur(euse) : waiter, waitress
service, département : department
siège social : head office, headquarters
situation de famille : marital status
sociable (être) : mix, socialize
société : company, firm, corporation, enterprise
soldes : (clearance) sale
solidaire de (être) : stand by someone
sonner : ring
sous pli séparé : under separate cover
sous-produits : by-products
sous-traitant : sub-contractor
stage : training period (GB)/internship (US)
stagiaire : trainee, intern (US)
statuts (règlement intérieur) : articles of association (GB)/ by-laws (US)
stocker : store
succursale : branch
suffisant : self-satisfied
suite à : further to, following
suivi : follow-up
superviser, contrôler : supervise, control, check
surligneur : highlighter
sympathique : friendly
syndicat : union
taille-crayon : sharpener
tarifs : price list, rates
téléphone portable : mobile phone (GB)/cell phone (US)
téléphoner : call, phone, ring (up), give a call, make a call
tenir l'agenda : keep the diary
ticket de caisse : receipt

timide : shy
tonalité : dialling tone
trahir : betray
traite : draft, bill
traiter des questions difficiles : deal with/handle difficult issues/matters
trajet, voyage : journey
transmettre (un message) : pass on/give (a message)
travail par équipes : shift work
trier (le courrier) : sort out (the mail)
trombone : paper clip
TVA : VAT
usine : plant, factory
vaniteux, prétentieux : vain
vanter (se) : brag
vendre : sell
venir chercher : collect, pick up
vente par correspondance : mail order selling
ventilateur : fan
vérifier : check, examine
visiteur : visitor
vol : flight
  intérieur : domestic flight
  sans escale : non stop flight
voyage (trajet) : journey
  d'affaires : business trip

ABRÉVIATIONS COURANTES :

ad: advertisement*: annonce*
AGM: Annual General Meeting: *assemblée générale annuelle*
AM: annual meeting : *assemblée annuelle*
a.m.: ante meridiem: *avant midi*
AOB: any other business: *questions diverses*
ASAP: as soon as possible: *dès que possible*
BA: Bachelor of Arts: *licencié ès lettres*
BBC: British Broadcasting Corporation: *radio, télévision anglaise*
BCA: Chartered Accountant: *expert-comptable*

B2B: Business to Business: *transactions, échanges entre entreprises*
B2C: Business to Consumer: *transactions de l'entreprise au consommateur*
CAD: computer aided design: *CAO (conception assistée par ordinateur)*
CAP: computer aided publishing: *PAO (publication assistée par ordinateur)*
CEO: Chief Executive Officer: *P-DG (président-directeur général)*
CF: Chief Financial Officer: *directeur financier*
CIF: Cost insurance & Freight: *CAF (coût, assurance, fret)*
Co: company: *société*
COD: cash on delivery: *livraison contre remboursement, payable à la livraison*
CPA: Certified public accountant (US): *expert-comptable*
CR: at company's risk: *aux risques et périls de l'expéditeur*
CWO : cash with order: *règlement à la commande*
e.g.: for example: *par exemple*
enc/encl: enclosure: *pièce jointe*
EU: European Union: *UE (Union européenne)*
FAQ: frequently asked questions: *questions les plus fréquemment posées*
FOB: free on board: *franco de port*
FOC: free of charge: *franco de port*
GM: General Manager: *directeur général*
GDP: Gross Domestic Product: *PIB (produit intérieur brut)*
GNP: Gross National Product: *PNB (produit national brut)*
HO: Head office: *siège social*
HRD: Human Resources Director: *DRH (directeur des ressources humaines,*
ID: identification (US): *papiers d'identité*
IMF: International Monetary Fund: *FMI (Fonds monétaire international)*
IOU: I owe you: *reconnaisssance de dette*
IRS: Internal Revenue System (US): *fisc*
LDC: Less Developed Countries: *pays en voie de développement*
MA: Master of arts (GB), Master's Degree (US): *maîtrise*

M&A: mergers and acquisitions: *service des fusions et acquisitions*
MBA: Master of Business Administration
Messrs: Sirs: *Messieurs*
MO: money order: *mandat postal*
Mrs: *Madame*
NSF: Non sufficient funds (US): *chèque sans provision*
OHP: overhead projector: *rétroprojecteur*
OR: at owner's risks: *aux risques et périls du destinataire*
Oz: ounce: *once (28 g)*
PA: personal assistant: *assistante*
PAYE: Pay as you earn: *retenue fiscale automatique à la source*
P&L: profit and loss: *profits et pertes*
PhD: Doctor of Philosophy: *doctorat de 3e cycle*
PLC: Public Limited company: *SA (Société anonyme)*
PLC: Private Limited company: *SARL (Société à responsabilité limitée)*
p.m.: post meridiem: *après-midi*
PO: post office: *bureau de poste*
POD: Pay on delivery: *payable à la livraison*
POS: point of sale advertising: *PLV (publicité sur le lieu de vente)*
PR: public relations: *relations publiques*
PTO: please turn over: *TSVP, tournez s'il vous plaît*
R&D: Research and Development: *recherche et développement*
SME: small and medium sized enterprises: *PME (petites et moyennes entreprises)*
VAT: Value Added Tax: *TVA, taxe sur la valeur ajoutée*
VCR: video cassette recorder: *magnétoscope*
VIP: very important person: *personnalité importante*
VP: Vice President: *vice-président*
WWW: worldwide web: *le Web, Internet*
Xmas: Christmas: *Noël*

CORRIGÉS DES EXERCICES

UNIT 1

APPLICATION 1

Managing Director - diary - coordinate - arrangements - deal with - duties - be in charge of - secretarial - skills - level - autonomous - based.

APPLICATION 2

1. unreliable - 2. untrustworthy - 3. dishonest - 4. untidy - 5. disorganized - 6. impatient - 7. irresponsible - 8. inefficient - 9. inexperienced.

APPLICATION 3

1-c, 2-d, 3-m, 4-b, 5-g, 6-h, 7-l, 8-k, 9-a, 10-j, 11-f, 12-i, 13-e.

APPLICATION 4

1. dynamic - efficient - reliable - flexible- organized - responsible - experienced - dedicated.
2. commited - elegant - skilled - responsible - autonomous - qualified - precise - methodical.
3. adaptable - honest - enthusiastic - discreet - sensible - reserved - polite - punctual.

EXERCICE 1

1. You'd better confirm the appointment.
2. He should speak louder/up.
3. Why don't you send them our new catalogue?
4. I'd better hurry up.
5. Why don't you show them round our premises?

EXERCICE 2

1. Why don't you take a taxi?
2. You should try to leave the office earlier.
3. You'd better leave now.
4. You ought to hurry up.
5. What about calling them to tell them about the delay (*retard*)?

UNIT 2

APPLICATION 1

1. What is it about?
2. Do sit down.
3. The manager is on his way.
4. I'll check if he's in.
5. I'll show you to the manager's office.
6. Take the lift on your right.

APPLICATION 2

1. Hello./Good morning.
2. Can I help you?
3. Please take a seat.
4. Can I get you something to drink?
5. I'll tell Mrs Smith you're here./I'll let her know you're here.
6. Mrs Smith is on her way.
7. Could you follow me, please?
8. Take the lift on your right, to the 3rd floor. Her office is on the left.

EXERCICE 1

1. her - 2. him - 3. them - 4. us.

EXERCICE 2

1. Would you like me to show you the way?
2. I would like him to check the address.
3. Helen wanted us to meet the new client.
4. Would you like her to call you back?
5. I want them to wait for me outside!

UNIT 3

APPLICATION 1

Vous accueillez quelqu'un :

Have you ben waiting long?
When did you get to Paris?
How long are you staying?
It's good to see you again!
Thanks for coming.

Vous le quittez :
Take care!
Let's keep in touch!
Have a nice trip back!
See you soon!
Thanks for coming.
I must get going.

APPLICATION 2

1-d, 2-e, 3-a, 4-b, 5-f, 6-c.

EXERCICE 1

1. Who, 2. When, 3. Who, 4. What, 5. What... for, 6. Where, 7. What time, 8. Which, 9. What… like.

EXERCICE 2

1. What was the meeting like?
2. Which dictionary do you prefer?
3. When will the new HRD arrive?
4. Where will the congress/conference be held?
5. What are you learning/studying English for?
6. Why are you so late?

UNIT 4

APPLICATION 1

1. I have an appointment with Mr Waybot.
2. He'll be with you in a minute.
3. Can I get you something to drink?
4. Yes, please.
5. Please follow me.
6. How are you?
7. I'm fine, thanks.
8. Did you find us easily?
9. Have a nice trip back!
10. Thank you for coming.

APPLICATION 2

1. Matt I'd like you to meet Sue. She is our new PA/personal assistant.
2. Let me introduce. Sue, our new PA.
3. Matt, have you met Sue, our new assistant?

4. Matt! You haven't met Sue, our new assistant, have you?
5. I'd like to introduce you to Sue, our new assistant!
6. Matt, may I introduce you to Sue, our new assistant?

EXERCICE 1

1. How long, 2. How, 3. How, 4. How far, 5. How often, 6. How much, 7. How, 8. How much.

EXERCICE 2

1. How did you meet?
2. How many employees are there in this company?
3. How much does this training cost?/How much is this training?
4. How often do you travel?
5. How far is the station?
6. How long are you staying/will you stay in London?

UNIT 5

APPLICATION 1

E	**D**	**E**	**G**	**N**	**A**	**R**	**R**	**A**	**C**
A	E	I	N	W	**Y**	**S**	**U**	**B**	**O**
R	**S**	**C**	**H**	**E**	**D**	**U**	**L**	**E**	**N**
L	**K**	**F**	R	**M**	**A**	**K**	**E**	**D**	**V**
Y	**C**	**R**	**T**	**I**	**G**	**H**	**T**	**A**	**E**
I	**E**	**E**	B	H	L	H	**E**	**T**	**N**
T	**H**	**E**	**F**	**I**	**X**	C	**T**	**E**	**I**
Z	**C**	**D**	**I**	**A**	**R**	**Y**	**A**	K	**E**
C	**O**	**N**	**F**	**I**	**R**	**M**	**L**	J	**N**
P	**S**	**U**	**I**	**T**	**A**	**B**	**L**	**E**	**T**

APPLICATION 2

1. I'm afraid I'm not available on Tuesday 2nd.
2. I'd like to confirm Mr Paul's appointment tomorrow afternoon.
3. Is Thursday 12th convenient for you?
4. What about Monday at 5 p.m.?
5. Would it be possible to/Could we meet next week?

APPLICATION 3

1. I'd like to make an appointment with Mr Dewight on Tuesday 18th.
2. I'm afraid he isn't free on the 18th.
3. Let me check my diary.
4. What about/Can you make the 19th at 5 p.m.?
5. That's fine. Let's say the 19th at 5. See you then!

EXERCICE 1

1. stay, 2. were, 3. had known, 4. would have been, 5. would change.

EXERCICE 2

1. If I had time, I would help you.
2. If he had come earlier, we could have seen Philip.
3. If I were you/In your place, I would do the same.
4. What would you have done if he had lied to you?
5. If I meet Henry, I'll invite him to lunch.

UNIT 6

APPLICATION 1

1. I can't make the meeting.
2. I'll have to postpone/put off the meeting.
3. I'm afraid I won't be able to keep my appointment with Stuart.
4. Mrs Waknin will be late.
5. What date are you able to come?

APPLICATION 2

1. I'd like to cancel the appointment.
2. The manager/director would like to postpone the meeting.
3. Our representative has been delayed.
4. I won't be able to make/come to the meeting.

EXERCICE 1

1. I could understand what she was saying.
2. He will be able to catch the train.
3. I had to buy a new mobile phone.
4. They will have to get an international driving licence.

EXERCICE 2

1. You have to take your passport.
2. She had to cancel the conference.
3. They couldn't come together.
4. Brian will be able to help us next week.
5. I can't speak Spanish.

UNIT 7

APPLICATION 1

1. highlighter, 2. stapler, 3. felt pen, 4. sharpener, 5. computer, 6. envelopes, 7. printer, 8. rack.

APPLICATION 2

1. a laptop - 2. a highlighter - 3. a paper clip - 4. a diary - 5. a filing cabinet.

APPLICATION 3

1-e, 2-f, 3-b, 4-i, 5-h, 6-j, 7-d, 8-g, 9-c, 10-a.

EXERCICE 1

1. Our office is situated/located near Kensington Park.
2. Where is Colombia?
3. I've already worked in the Middle East.
4. Jeremy speaks German and Chinese.
5. We receive our clients on Tuesday.
6. Business trips are time-consuming.
7. We must face pollution and unemployment.

EXERCICE 2

1. the, Ø - 2. The - 3. Ø - 4. The, Ø - 5. Ø - 6. the - 7. Ø - 8. Ø - 9. Ø - 10. Ø - 11. the - 12. Ø, Ø - 13. Ø - 14. the, the - 15. Ø

UNIT 8

APPLICATION 1

Dates

1. the eleventh of October nineteen forty-seven/October the eleventh nineteen fort-seven.

2. the thirty-first of July nineteen seventy-nine/July the thirty-first nineteen seventy-nine.
3. the sixth of November nineteen forty-six/November the sixth nineteen forty-six.
4. the first of January two thousand/January the first two thousand.

Heures

1. six o'clock in the afternoon/six p.m.
2. 3 o'clock in the morning/3 a.m.
3. quarter past twelve/twelve fifteen
4. five to/of twelve/eleven fifty-five/five minutes to midnight
5. ten to six/five fifty/seventeen fifty (*horaire*)

APPLICATION 2

1. eleven ten
2. ten forty-five
3. midday, twelve o'clock
4. one p.m.
5. the twelfth of September two thousand and five
6. May the seventh nineteen ninety-eight.

EXERCICE 1

1. on - 2. in - 3. in - 4. at - 5. at - 6. at - 7. in/during, 8. in - 9. at/on - 10. at.

EXERCICE 2

1. Friday 12th - 2. Monday 15th - 3. Sunday 14th - 4. Saturday 13th - 5. Saturday 27th - 6. Monday 8th - 7. Tuesday 23th - 8. Monday 8th - 9. Monday 15th.

EXERCICE 3

1. The letter was sent on September the third (Sept. 3rd).
2. I met him last Wednesday.
3. The congress/conference will be held in February.
4. Our American client will be here in the morning at about 9 a.m.
5. He signed the document the day before yesterday.

UNIT 9

APPLICATION 1

a. nineteen thousand eight hundred and forty-one
b. four point two
c. five eighth
d. six thousand three hundred and one
e. twelve tenth
f. ten point thirty-five
g. twenty-eight per cent/percent
h. oh-two-five-six-two-three-four-oh-double seven
i. one thousand and one.

APPLICATION 2

1. 1349 - 2. 200,000 - 3. 2/4 - 4. 833 - 5. 2/5 - 6. 211,156.

APPLICATION 3

1. The last ten pages.
2. Thousands of people.
3. The next three weeks.
4. The first four numbers.
5. Hundreds of dollars.

EXERCICE 1

1. How many - 2. How much - 3. How many - 4. How many - 5. How much.

EXERCICE 2

1. many - 2. much - 3. much - 4. many - 5. much - 6. much - 7. much - 8. many - 9. many - 10. many - 11. many - 12. much .

UNIT 10

APPLICATION 1

1. booklet, 2. invoice, 3. agenda, 4. label, 5. receipt, 6. diary, 7. patent, 8. brochure, 9. report, 10. ledger, 11. minutes, 12. form, 13. contract, 14. résumé, 15. leaflet.

		9																			
		R														R					
		E														E					
		P														S					
B	O	O	K	L	E	T	1			11			12			U					
R		R		E						M			F		13	M					
O		T		D					2	I	N	V	O	I	C	E		15			
C			A	G	E	N	D	A	3	N			R		O	14		L			
H				E						U			M		N			E			
U			5	R	E	C	E	I	P	T					T	4	L	A	B	E	L
R										E	6	D	I	A	R	Y		F			
E										S					A			L			
8															C			E			
												7	P	A	T	E	N	T			

APPLICATION 2

1. invoice - 2. proxy - 3. receipt - 4. price list - 5. minutes.

EXERCICE 1

courageous • reasonable • powerful • constructive • washable • beautiful • famous • sunny • interesting • monthly • replaceable • Japanese • musical • graceful • trendy • colourful • careful • careless • childish • agressive.

EXERCICE 2

unreliable • immature • irresponsible • unsatisfied • uncapable • disagreeable • unpleasant • dishonest • irrefutable • irrelevant • uncertain.

UNIT 11

APPLICATION 1

1. We are looking forward to receiving your order.
2. We would be grateful if you could send us your catalogue.
3. Thank you for your letter of April 30th.
4. We acknowledge receipt of your letter of July 31st.
5. Feel free to contact us if you need further information.
6. Let us know if you need more information about our products.

APPLICATION 2

1. We'll get in touch with/contact you soon.
2. We are looking forward to meeting you.
3. With reference to your advertisement/ad.
4. Following your letter of October 8th/We acknowledge receipt of your letter of October 8th.

EXERCICE 1

1. am going - 2. play - 3. are you doing - 4. is boiling - 5. leaves - 6. drink - 7. am seing - 8. is sitting - 9. believes - 10. think.

EXERCICE 2

1. Does Susan work part-time?
2. Is Chris opening the door?
3. Am I meeting her at the airport?
4. Does the train leave at 8?
5. Does he like tea?

UNIT 12

APPLICATION 1

1. We are sending you our catalogue and price list under separate cover.
2. We apologize for the delay.
3. We are looking forward to receiving your mail.
4. We would be interested if you could send us further details about your new range of products.

5. Please accept our apologies for the delay.
6. Could you please confirm your order?

APPLICATION 2

1. pleased - 2. hesitate - 3. grateful - 4. further - 5. reference -6. enclosed - 7. regret.

APPLICATION 3

1.g - 2.f - 3.b - 4.a - 5.d - 6.c - 7.e.

EXERCICE 1

1. What an - 2. How - 3. What - 4. so - 5. such a - 6. so many - 7. What.

EXERCICE 2

1. We had such a good time!
2. The food at the hotel was so bad!
3. Why did you write so many letters?
4. How interesting the meeting was!
5. What a great speaker!

UNIT 13

APPLICATION 1

1-f, 2-g, 3-h, 4-c, 5-i, 6-j, 7-d, 8-k, 9-e, 10-a, 11-b
1-i, 2-j, 3-h, 4-b, 5-f, 6-e, 7-c, 8-g, 9-a, 10-d.

APPLICATION 2

1. achieved - 2. do my best - 3. report to - 4. has called - 5. implementing - 6. take - 7. made - 8. meet - 9. attended.

EXERCICE 1

1. What time do you **usually** go for lunch?
2. He has **always** worked in the same company.
3. Mr Stunt **hardly ever** gets angry.
4. I **usually** address my employees on Monday.
5. Sam negotiates deals **very well**.
6. He doesn't do business with this company **at all**.
7. The account manager **never** decides on projects.
8. The employees like their job **very much**.
9. Mary has **rarely** given me good advice.

10. Our manager **never** calls meetings on Mondays.
11. He is **always** satisfied with the situation.
12. The clients will **probably** be visiting the company.
13. She typed the letter **fast**.

EXERCICE 2

1. He is never happy/pleased.
2. She speaks German very well.
3. The meeting has probably been cancelled.
4. We work a lot with the Japanese.
5. They appreciated the conference very much.

UNIT 14

APPLICATION 1

1. back - 2. up - 3. through - 4. on behalf of - 5. on - 6. in.

APPLICATION 2

1. I help you? - 2. speak to - 3. Who's - 4. is - 5. Hold on... connect.

EXERCICE 1

1. Would you mind repeating?
2. He likes/loves/enjoys speaking on the phone for hours.
3. It's no use coming back tomorrow.
4. I don't mind calling him back later.
5. He stopped/gave up smoking.
6. I can't stand waiting for hours.
7. I am looking forward to receving your message.
8. I am not used to speaking English on the phone.
9. I avoid calling too early in the morning.

EXERCICE 2

1. translating - 2. closing - 3. to play - 4.to take - 5. working.

UNIT 15

APPLICATION 1

— Hello, Coco&Co.
— Hello! **Can** I speak **to** Mrs Wells please?
— **Who's** calling?

— This is Jason Freak.
— Hold **on**. I'll **see** if she's **in**.
— Hello, I'm **sorry**. Mrs Wells is in a meeting at the **moment**.
— When will she be **free/available**?
— She said she'd be **free/available** at 6:30. Do you **want** to **leave** a message?
— **Can** you let **her** know I have called and **tell** her to call me?
— Yes, of course. I'll **give** her the message and ask her to call you as soon as she **is** free.
— Thank you very much.
— You're **welcome**.

APPLICATION 2

Not available :
She is in a meeting at the moment.
He is on another line.
They have just left the office.
They won't be long.
When available ? :
He should be back next week.
When will they be back?
When do you expect them back?
Leave a message :
Can I leave a message?
Take a message:
I'll make a note of it.
I'll let him know you have called.
Can I take a message?
Voice mail:
You have reached Mrs Sympson's office.
Please speak after the beep.

EXERCICE 1

1. He may call.
2. He might have broken the plate.
3. John may have known more about it.
4. She might have been busy.

5. He may come at 8.
6. She might stay in London.

EXERCICE 2

1. He may come at 8.
2. She might stay in London.
3. He may have missed the train.
4. It may rain.
5. You could have met her.

UNIT 16

APPLICATION 1

1. I have been cut off.
2. There is no reply.
3. The line is dead/out of order./I can't get through.
4. I didn't get it right.
5. I have dialled the wrong number.
6. I'm on another line.
7. The line is bad./It is a bad connection.
8. My battery is low, we are going to be cut off.
9. I can't hear you.
10. I can't get through to Steven.

APPLICATION 2

1. This is the wrong number.
2. I can't hold any longer.
3. The line is busy/engaged.
4. It doesn't answer.
5. I can't hear you well.

EXERCICE 1

1. much, 2. many, 3. many, 4. much, 5. many.
1. a little, 2. little, 3. a few, 4. few.

EXERCICE 2

1. We haven't spent much money.
2. He said only a few words.
3. We have a little time.

4. There are few cars in our parking lot.
5. Do you have/Have you got many cousins in New York?

UNIT 17

APPLICATION 1

1. Did you have a nice flight?
2. Go to the check-in counter.
3. The plane will take off as scheduled.
4. How long are you staying here?
5. We would like to book three return tickets.
6. Fasten your seat belts, please.
7. Let me know what time your train arrives.
8. Paul will meet you at the airport.
9. We are looking forward to meeting you all./ We are all looking forward to meeting you.
10. Don't forget to buy your return ticket.

APPLICATION 2

1. arrangements - 2. check in - 3. scheduled - 4 allowance - 5 connections.

EXERCICE 1

1. Trips are shorter and shorter.
2. And prices are less and less expensive/lower and lower.
3. Passengers travel with fewer and fewer suitcases.
4. He has less and less time to travel.
5. More and more people speak English.

EXERCICE 2

1. more and more - 2. better and better - 3. worse and worse - 4. more and more - 5. more and more.

UNIT 18

APPLICATION 1

1. book, 2. check out, 3. fill in ... registration form, 4. included, 5. double room - bath, 6. available, 7. facilities, 8. front desk, 9. get, 10. vacancies.

APPLICATION 2

```
F     D
A V A I L A B L E
R     S       U
E     C       G
    B O O K   G
      U       A
      N       G
      T R E S E R V A T I O N
```

EXERCICE 1

1. fill it in
2. pick him up
3. them
4. put it on
5. her
6. push it back

EXERCICE 2

1. Put it on.
2. I gave it to her/him.
3. I'll work with them.
4. Take them off.
5. Write it down.
6. Wake her up.

UNIT 19

APPLICATION 1

1-e, 2-g, 3-f, 4-b, 5-k, 6-d, 7-c, 8-i, 9-a, 10-h, 11-j.

APPLICATION 2

1. I'd like to book a table for 5 people for 8 p.m.
2. I'd like to invite you to lunch.

3. I'd like to order.
4. Can I see the wine list, please?
5. I'll take the vegetable soup.
6. Could you bring the check/bill, please?
7. This is on me./I'll get this.

EXERCICE 1

1. who - 2. Ø - 3. whose - 4. that - 5. Ø.

EXERCICE 2

1. The wine (which/that) you have recommended was excellent/very good.
2. The people (that) I had invited couldn't come.
3. The restaurant which/that is round the corner is expensive.
4. I have met someone whose son lives in London.
5. The menu (which) I prefer is this one.

UNIT 20

EXERCICE 1

application • refusal • enrollment • imagination • creation • improvement *(amélioration)* • appearance • knowledge *(connaissance)* • pressure • upbringing *(éducation)* • reduction • exclamation • proposal *(proposition)* • training *(formation)* • management • employee/employment • renewal *(renouvellement)*.

EXERCICE 2

1.f - 2.g - 3.b - 4.h - 5.c - 6.e - 7.d - 8.i - 9.a

UNIT 21

APPLICATION 1

1-c, 2-g, 3-f, 4-d, 5-b, 6-e, 7-a.

APPLICATION 2

1. Let me present you our company.
2. It was created (founded) in 1995.

3. Its head office is in Madrid but it is based in Washington with subsidiaries in Paris and Francfort.
4. It merged with a Japanese company in 2000.
5. Our company is divided into five departments.
6. Our Chairman/President is Mr Wilson.
7. The turnover is 22 million euros with a workforce of 110/ with 110 employees.

EXERCICE 1

1. could - 2. for - 3. finds - 4. would - 5. implement/set up - 6. meeting/interview.

EXERCICE 2

1. she could catch her train.
2. you can buy a new car.
3. he can get another job.
4. to/in order to create our own company.
5. I would feel better.

UNIT 22

APPLICATION 1

1. Chairman
2. CEO (Chief Executive Officer)/Managing Director
3. Finance Director
4. Human Resources Director/Personnel Manager
5. Marketing Manager
6. Sales Manager
7. Chief accountant
8. Training Manager

APPLICATION 2

1.c - 2.d - 3.e - 4.b - 5.a

EXERCICE 1

1. with - 2. for - 3. in - 4. from - 5. of - 6. in - 7. for - 8. with - 9. at - 10. with - 11. about - 12. at/by - 13. to - 14. of - 15. on - 16. on.

EXERCICE 2

1. We are aware of the difficulties.
2. Peter is jealous of my promotion.
3. The boss is satisfied with our work.
4. He is good at accountancy.
5. This company is really very different from the other one.
6. He was/has been involved in the merger.
7. The manager is nice to the new employees.

UNIT 23

APPLICATION 2

1. in - 2. in - 3. from - 4. with - 5. from.

EXERCICE 1

1. has graduated - 2. graduated - 3. got - 4. has (never) worked - 5. has been working - 6. have received - 7. received - 8. have been - 9. has been - 10. studied.

EXERCICE 2

1. We hired him last year.
2. He has been working here for 3 years, since 2003.
3. Have you received our answer?
4. She hasn't typed the letter yet.
5. Sorry, Jane has just left/gone out.

UNIT 24

APPLICATION 1

1. Dear Mr Dwight,
2. I am writing in response to your advertisement for a junior secretary.
3. I worked at Secretary systems for two years.
4. I have the usual secretarial skills and I am familiar with most computer systems.
5. I have a strong sense of organization and I enjoy working in a team.
6. As I am single, I am ready to commit myself to my work.

7. I am fluent in English.
8. I am sure my qualifications will be of interest to you.
9. I look forward to hearing from you soon.
10. Sincerely yours.

APPLICATION 2

1. I'm looking for a position as...
2. I have a great experience in...
3. I enjoy team work. I am highly motivated. I am reliable and hardworking.
4. I am attaching my CV.
5. I am available for an interview at your convenience.

EXERCICE 1

1-g, 2-j, 3-h, 4-m, 5-c, 6-e, 7-n, 8-p, 9-k, 10-l, 11-d, 12-b, 13-q, 14-i, 15-a, 16-o, 17-f.

EXERCICE 2

1. Matt is late, isn't he?
2. The managers won't come, will they?
3. Ava could help us, couldn't she?
4. Maria can speak Spanish, can't she?
5. Henry arrived yesterday, didn't he?

UNIT 25

APPLICATION 1

untrustworthy • good-tempered • rude • dishonest • outspoken • inconsiderate • lenient • vain • unfriendly • unpleasant • dissatisfied • hypocritical • broad-minded.

APPLICATION 2

1. trustworthy - 2. reliable - 3. good-mannered - 4. bad-tempered - 5. envious - 6. hard-working - 7. lazy - 8. punctual.

APPLICATION 3

H	A	R	D	W	O	R	K	I	N	G
S	F	E	H	S	I	F	L	E	S	L
E	L	Y	P	P	A	H	H	T	T	A
N	E	P	R	O	U	D	O	E	A	U
S	X	Y	E	A	S	Y	N	N	C	T
I	I	H	D	O	O	G	E	S	T	C
B	B	S	F	F	I	C	S	E	F	N
L	L	A	N	G	R	Y	T	T	U	U
E	E	L	A	Z	Y	I	E	N	L	P

L'adjectif est : EFFICIENT

EXERCICE 1

1. You can't do whatever you want here.
2. There are several books on the shelf, take whichever you want.
3. Whoever is hungry can help himself.
4. Wherever I am, I feel at home.
5. Come whenever you can.

EXERCICE 2

1. whichever - 2. whenever 3. wherever - 4. whoever - 5. whatever.

UNIT 26

APPLICATION 1

1. consignment, 2. damage, 3. loading, 4. container, 5. truck, 6. consignee, 7. delivery, 8. freight, 9. bulky, 10. loss, 11. goods, 12. trucker, 13. trailer, 14. rail.

T	R	**C**	**O**	**N**	**T**	**A**	**I**	**N**	**E**	**R**	**D**
C	**O**	**N**	**S**	**I**	**G**	**N**	**M**	**E**	**N**	**T**	**A**
L	**C**	**O**	**N**	**S**	**I**	**G**	**N**	**E**	**E**	**F**	**M**
O	A	**R**	**A**	**I**	**L**	**L**	**O**	**S**	**S**	**R**	**A**
A	**K**	N	**G**	**O**	**O**	**D**	**S**	S	P	**E**	**G**
D	**C**	O	R	T	**B**	**U**	**L**	**K**	**Y**	**I**	**E**
I	**U**	A	**T**	**R**	**A**	**I**	**L**	**E**	**R**	**G**	T
N	**R**	**D**	**E**	**L**	**I**	**V**	**E**	**R**	**Y**	**H**	I
G	**T**	**T**	**R**	**U**	**C**	**K**	**E**	**R**	O	**T**	N

Le mot à trouver est le mot américain TRANSPORTATION.

APPLICATION 2
1. collect, 2. brokers, 3. highway, 4. load, 5. anyway, 6. loss.

EXERCICE 1
1. tomorrow's newspaper
2. the team's work
3. the company policy
4. the Chairman's assistant
5. yesterday's meeting
6. three weeks' delay
7. Jason's computer
8. the lawyer's office
9. five minutes' wait
10. next week's trip.

EXERCICE 2
1. Paul's and Joe's apartment
2. today's newspaper
3. the beginning of the film
4. Pamela's birthday
5. his friends' car

6. the end of the meeting

UNIT 27

APPLICATION 1

1. COD - 2. cash - 3. cheap - 4. cancel - 5. confirm - 6. carriage - 7. complaint - 8. catalogues.

APPLICATION 2

1. place • order • catalogue • stock.
2. payment/check • goods • delivery • cancel.

EXERCICE 1

1. It hasn't stopped yet.
2. We haven't left yet.
3. The meeting hasn't finished yet.
4. He hasn't called yet.
5. She hasn't found a husband yet.

EXERCICE 2

1. He is still on holidays.
2. Have you sent the check yet?
3. He hasn't written to me yet.
4. He still hasn't written to me.

UNIT 28

APPLICATION 1

1. Dutch, the Dutch - 2. Scotland, the Scots - 3. China, Chinese - 4. French, the French - 5. Britain, the British - 6. Denmark, Danish - 7. Irish, the Irish - 8. Finland, the Finns - 9. Spain, Spanish.

APPLICATION 2

1. The Americans like to drive big cars.
2. I have met a nice Englishman.
3. Greece is a beautiful country.
4. Pete is Danish.
5. The Chinese travel abroad now.

EXERCICE 1

1. Don't come without an appointment.
2. As a father, I must support him.
3. We meet three times a week.
4. Mr Prince is a project manager.
5. He was driving at 130 kms an hour.
6. I must go home/leave, I have a headache.
7. If you are in such a hurry, you'd better take a taxi.

EXERCICE 2

1. an - 2. a - 3. an - 4. an - 5. an - 6. a - 7. a - 8. a - 9. an - 10. a.

Composition réalisée par NORD COMPO

Achevé d'imprimer en janvier 2008 en Espagne par
LIBERDÚPLEX
Sant Llorenç d'Hortons (08791)
Nº d'éditeur : 98000
Dépôt légal 1re publication : décembre 2005
Édition 03 - janvier 2008
LIBRAIRIE GÉNÉRALE FRANÇAISE – 31, rue de Fleurus – 75278 Paris cedex 06

30/1638/3